Bericht

über die

zweite Versammlung deutscher Historiker

29. März bis 1. April 1894

in Leipzig.

Erstattet im Auftrage des geschäftsführenden Ausschusses

von

dem Bureau der Versammlung.

Leipzig,
Verlag von Duncker & Humblot.
1894.

Der folgende Bericht ist erstattet auf Grund der Protokolle und stenographischen Aufzeichnungen; benutzt sind dabei auch die Tagesberichte der Leipziger Zeitungen, die auf dem vom Preßausschuß (Lamprecht, Wychgram, Groth, Tille) den Zeitungen gelieferten Material beruhten. Den Herren Berichterstattern haben die Auszüge ihrer Vorträge vorgelegen.

Baldamus. Mogk. Ilberg.

Bericht
über die
zweite Versammlung deutscher Historiker
in Leipzig.

Die Ostern 1893 in München zusammengetretene erste Versammlung deutscher Historiker*) hatte einen so befriedigenden Verlauf genommen, daß man beschloß, schon Ostern 1894 eine zweite Historikerversammlung in Leipzig zu halten. Sie vorzubereiten wählte man einen geschäftsführenden Ortsausschuß, bestehend aus Prof. Dr. Lamprecht, Prof. Dr. Arndt und Gymnasialoberlehrer Dr. Baldamus. Als diese an die Erfüllung ihres Auftrages herangingen, ließen sie sich von dem Gedanken leiten, daß man fortschreiten müsse in den Bahnen, die in München mit Erfolg beschritten waren, daß es gelte weiterzubauen auf der Grundlage, die dort gelegt war. Die Münchener Versammlung hatte aber ein selbst über die Kreise der Fachgenossen hinausgehendes Interesse dadurch erweckt, daß sie sich nicht auf Fragen beschränkte, die für die stille Arbeit des forschenden Gelehrten wichtig sind, sondern darüber hinaus Fragen erörterte, die in die praktische Bethätigung des Gelehrten, in das Leben eingreifen. Dadurch gerade war ein so lebhafter Meinungsaustausch entstanden, dadurch waren die in den verschiedensten Berufen stehenden Kreise einander persönlich so nahe getreten, wie man es bei einer ersten Versammlung kaum hätte erwarten können, dadurch war die Fühlung zwischen Geschichtswissenschaft und Geschichtsunterricht, deren Fehlen einer der Anlässe zur Berufung der Münchener Ver-

---

*) Der von Dr. M. Lossen erstattete Bericht ist im Verlage der Riegerschen Universitätsbuchhandlung München 1893 erschienen.

sammlung gewesen war, gewonnen. Der Leipziger Historikerversammlung war so ein **doppeltes Arbeitsgebiet** zugewiesen. Dementsprechend stellte der gewählte Ausschuß das Programm auf und fand bei den Fachgenossen, an die er sich mit der Bitte um Unterstützung wandte, dankenswertes Entgegenkommen. Für die Beratung über die „**Stellung der alten Geschichte im gelehrten Unterricht**" wurden als Berichterstatter gewonnen die Herren Prof. Dr. Jäger, Direktor des Friedrich-Wilhelmsgymnasiums in Köln, Prof. Dr. Hannak, Direktor des Lehrerpädagogiums in Wien und Prof. Dr. Kämmel, Rektor des Nikolaigymnasiums in Leipzig, Vertreter dreier Staaten, in denen die amtlichen Bestimmungen über diesen Unterrichtsgegenstand verschieden sind. Zur Berichterstattung über „**Stand und Bedeutung der landesgeschichtlichen Studien, insbesondere über die Arbeitsgebiete der landesgeschichtlichen Publikationsgesellschaften**" erklärten sich bereit die Herren Dr. v. Zwiedineck-Südenhorst, Universitätsprofessor in Graz, Dr. v. Weech, Direktor des großh.-badischen Generallandesarchivs in Karlsruhe, Dr. Hansen, Archivar der Stadt Köln, Prof. Dr. Markgraf, Archivar der Stadt Breslau und Dr. Prutz, Universitätsprofessor in Königsberg. Hierbei war darauf Rücksicht genommen, daß die verschiedenen Typen landesgeschichtlicher Institute, zugleich aus den verschiedensten Ländern deutscher Zunge, zur Geltung kämen; auch sollte dies Thema der Bedeutung, die die kulturgeschichtliche Forschung gewonnen hat, gerecht werden. Endlich übernahm Dr. Stieve, Hochschulprofessor in München, die Berichterstattung über die „**Grundsätze, welche bei der Herausgabe von Aktenstücken zur neueren Geschichte zu befolgen sind**". Außerdem versprach Herr Dr. Schmoller, Universitätsprofessor in Berlin, einen Vortrag über den „**deutschen Beamtenstaat des 16. bis 18. Jahrhunderts**" und Herr Dr. v. Seidlitz, Oberregierungsrat in der Generaldirektion der kgl. Sammlungen zu Dresden, einen solchen über „**die spätgotische Kunst im Königreich Sachsen**"; während Herr Dr. Sieglin, Kustos an der Universitätsbibliothek in Leipzig, über die geplante Neubearbeitung des **Spruner-Menkeschen Atlasses** sprechen wollte.

Auch an anderen Stellen erfuhr die Historikerversammlung freundliche Förderung. Mit besonderem Dank sei hervorgehoben, daß das königlich sächsische Ministerium des Kultus und öffentlichen Unterrichts zur Bestreitung der Kosten einen Beitrag bewilligte.

So konnte Anfang Februar die Einladung an die Fachgenossen hinausgehen, unterzeichnet von den Professoren der Geschichte, Kirchengeschichte, Rechtsgeschichte, Kunstgeschichte, der Nationalökonomie und der deutschen Sprache an der Universität Leipzig, sowie den Rektoren und Geschichtslehrern der höheren Schulen der

Stadt und einigen andern notabeln Personen. Bald liefen in steigender Zahl Anmeldungen aus Deutschland, Österreich, der Schweiz, Flandern und Holland ein, so daß die am Eröffnungstage ausgegebene Liste der Angemeldeten bereits 279 Namen aufwies.

Mittwoch d. 28. März abends trafen sich die Teilnehmer zur ersten Begrüßung in den oberen Räumen des Kaufmännischen Vereinshauses, die auch für die Beratungen freundlichst zur Verfügung gestellt waren, da die in Umbau befindliche Universität keinen angemessenen Platz bot. Professor Arndt begrüßte die Fachgenossen in einer launigen Ansprache, die sie von dem genius loci Münchens nach dem Leipzigs hinüberführte und mit einem Hoch auf den Frühling der Geschichtswissenschaft schloß.

Die Eröffnung der Versammlung

fand Donnerstag d. 29. März vorm. 9 Uhr statt.

Der geschäftsführende Ortsausschuß empfing den kgl. sächsischen Minister des Kultus und öffentlichen Unterrichts v. Seidewitz, den Rektor Magnificus der Universität Geh. Rat Prof. Dr. Wislicenus, den Bürgermeister Dr. Tröndlin, den Geh. Schulrath Prof. Dr. Vogel und geleitete sie in den Beratungssaal. Darauf sprach Prof. Dr. Lamprecht einige Worte zur Eröffnung.

Er gedenkt an erster Stelle des Abgeordneten der kgl. sächsischen Staatsregierung, des Herrn Ministers v. Seidewitz, als eines Förderers der historischen Studien, und des Deputierten der großherzogl. badischen Regierung, des Herrn Geheimrats v. Weech. In zweiter Linie wendet er sich an Se. Magnificenz den Herrn Rektor der Universität, Prof. Dr. Wislicenus, und begrüßt das Erscheinen eines Chemikers auf dem Historikertag um so freudiger, als bei der Gefahr der fortschreitenden Verästelung der Wissenschaften eine Betonung des grundsätzlich Gemeinsamen aller Wissenschaft immer wünschenswerter erscheint und die Zusammenhänge speciell zwischen Geschichte und Naturwissenschaft keine leeren Behauptungen sind. Dem Hrn. Bürgermeister der Stadt Leipzig, Dr. Tröndlin, gelten weitere Worte, die das eigenartige Verhältnis zwischen der Stadt und dem ehrwürdigen studium Lipsiense berühren. Ein niemals verleugnetes Gefühl gegenseitiger Achtung verbinde zwei Gruppen so verschiedenartiger Lebensrichtung, die zur Arbeit auf dem engen Raum eines gemeinsamen Wohnsitzes berufen sind. Wird ja doch schon durch die alten und neuen

Schulen in unserer Stadt eine Verbindung beider hergestellt. Den Gästen von außerhalb Leipzig ein herzliches Willkommen! Die deutsche Geschichtswissenschaft ist nicht begrenzt durch die schwarz=weiß=roten Grenzpfähle, aus dem ganzen deutschen Sprachgebiet sind Vertreter in diesem Saale versammelt. Aber auch nicht nur ein enger Berufskreis hat seine Vertreter entsandt, neben Archivar und Universitätsprofessor stehen die stattliche Reihe der Gymnasiallehrer und andere Berufskreise, die sich geschichtlichen Studien widmen. Schon die Endosmose verschiedenartiger Gedankenkreise, die sich hier vollzieht, kann nicht ohne allgemeinen Gewinn sein. Als Pfand herzlichen Willkommens übergiebt eine Anzahl Leipziger Studiengenossen den Gästen eine Festschrift*), die ihnen eine kleine Erinnerung an diese Tage bleiben möge. Dem Hrn. Kultusminister gestattet sich der Redner die für das kgl. Haus, insbesondere S. M. den König bestimmten Exemplare dieser Festschrift zu überreichen. Es geschehe dies nicht ohne tieferen Zusammenhang: unser König hat selbst Geschichte gemacht, als gefeierter Veteran der Jahre 1870/71 steht er unter seinen fürstlichen Genossen; aber er liebt die Geschichte, ja treibt diese Wissenschaft selbst, wie die Leipziger Herren berichten können. Mit dem Auge des Sachverständigen verfolgt er auch heute unsere Verhandlungen, und ich weiß mich im Einklang mit Ihnen, wenn ich meine kurzen Worte der Begrüßung mit der Aufforderung schließe, Sie möchten mit mir einstimmen in ein Hoch auf unsern aller Wissenschaft holden König: Sr. Majestät ein dreifaches Hoch!

Archivrat Dr. Ermisch: Die kgl. Staatsregierung und der Altertumsverein haben mich beauftragt, der Versammlung eine kleine Schrift**) zu überreichen. Ihr Inhalt schließt unmittelbar

---

*) Kleinere Beiträge zur Geschichte, von Dozenten der Leipziger Hochschule. Leipzig, Duncker & Humblot. 1894. Inhalt: Steindorff, Zur Geschichte der Hyksos; Cichorius, Die Chronologie des Pisistratus; Immisch, Zur Geschichte der elegischen Kunstform; Schreiber, Bemerkungen zur Gauverfassung Kariens; Wachsmuth, Der Vertrag zwischen Rom und Karthago aus der Zeit des Pyrrhos; Gardthausen, Livia; Mogk, Über Los, Zauber und Weissagung bei den Germanen; Pückert: Die Klöster und Chorherrenstifte in der Reichsteilungsakte von Meersen (870); Hauck, Zur Erklärung von Ekkeh. cas. s. Galli c. 87; Schmarsow, Meißener Bildwerke vom Ende des 13. Jahrhunderts; Bücher, Zwei mittelalterliche Steuerordnungen; Lamprecht, Die Stufen der deutschen Verfassungsentwickelung vom 14. bis zum 18. Jahrhundert; Geß, Die Leipziger Universität im Jahre 1502; Brieger, Über den Prozeß des Erzbischofs Albrecht gegen Luther; Brockhaus, Abendland und Morgenland in ihren Beziehungen zu einander auf dem Gebiete der neueren Kunst; Arndt, Waldecks erste Verwendung im brandenburgischen Dienst 1651; Elster, Geschichte und Litteratur.

**) Festgabe zur zweiten Versammlung deutscher Historiker, überreicht im Auftrage der Kgl. Sächs. Staatsregierung und des Kgl. Sächs. Altertumsvereins. Dresden 1894. W. Bänsch. Inhalt: Ermisch, Die sächsische Geschichtsforschung in den letzten 30 Jahren; Schmidt, Wiedergefundene Originalurkunden des Klosters Grünhain; Lippert, Über die Anwendung

an das reiche Programm an, welches Ihrer Erledigung harrt, und zwar an einen besonderen Punkt desselben. Sie werden über den Stand und die Bedeutung der landesgeschichtlichen Forschung verhandeln, und aus allen Teilen Deutschlands werden Berichterstatter ihre Erfahrungen mitteilen. Sie vermissen unter diesen einen Vertreter des Landes, in dem die Versammlung stattfindet, es soll dies ein kleiner Beweis sächsischer Höflichkeit sein, welche den Gästen den Vortritt läßt. Einen Einblick in unsere bescheidene landesgeschichtliche Werkstatt soll die überreichte Festschrift gewähren. Dies war der Gesichtspunkt, welcher die Staatsregierung und den Altertumsverein bewog, Ihnen durch mich einen Teil jener landesgeschichtlichen Zeitschrift überweisen zu lassen, die ich seit einer Reihe von Jahren herausgebe. Ich schließe mit dem Wunsche: möge die 2. Versammlung deutscher Historiker der landesgeschichtlichen Forschung neue Förderung gewähren, ihr neue Wege zeigen und in jeder Hinsicht dauernd vorteilhaft für sie wirken!

Bürgermeister Dr. Tröndlin: Gestatten Sie mir, daß ich Ihnen, ehe Sie in Ihre Verhandlungen eintreten, im Namen der Stadt Leipzig ein Wort der Begrüßung zurufe. Es kann nicht meine Aufgabe sein, über die Wichtigkeit Ihrer Beratungen zu sprechen, aber das darf ich sagen, daß Ihr Beschluß, den zweiten Historikertag in Leipzig abzuhalten, uns mit lebhafter Freude erfüllt hat und daß wir Sie herzlich willkommen heißen. Und Leipzig hat ein Recht darauf, als besonders geeignete Stätte für die Vereinigung deutscher Historiker anerkannt zu werden. Vielfach im Laufe der Jahrhunderte sind die Mauern unserer Stadt umtobt worden von Kämpfen, die für die Entwicklung der Dinge in Deutschland bedeutsam waren; vor 81 Jahren ist auf unseren Fluren die große Entscheidungsschlacht geschlagen worden, ohne die die Geschicke unserer Nation sich nicht hätten so gestalten können, wie sie sich gestaltet haben: Leipzig hat Geschichte gelebt. Und es kann sein Recht auch darauf gründen, daß seine Bürgerschaft immer erfüllt gewesen ist von dem Bewußtsein, daß Tüchtigkeit im Schaffen und in der Arbeit nur dann Geltung beanspruchen könne, wenn der Kreis der Interessen weitgezogen ist, wenn jeder Teil strebt zum Ganzen. Weil wir wissen, daß nichts mehr eint und nichts fester verbindet als die Kenntnis des gemeinsamen Werdens, die die Geschichtswissenschaft vermittelt, deshalb begleiten wir ihre Forschungen und Arbeiten, die uns alle fördern, auch wenn sie auf entlegene Gebiete sich beziehen, mit höchstem Interesse und mit lebhaftester Freude. Mögen die Tage hier in Leipzig für Sie alle reich an Anregung und Förderung, aber auch an frohem Ge-

---

des Namens Lausitz auf die Oberlausitz im 14. Jahrhundert; Müller, Hans Harrer, Kammermeister des Kurfürsten August; Wuttke, Zur Kipper- und Wipperzeit in Kursachsen; Kleinere Mitteilungen; Litteratur.

nießen sein. Mit diesem Wunsche heiße ich Sie willkommen in Leipzig!

Damit war die Eröffnung vollzogen; Prof. Lamprecht bat nunmehr um Vorschläge für die Wahl der Vorsitzenden und Schriftführer. Geh. Archivrat Dr. v. Weech schlägt vor, zu Vorsitzenden, die in der Geschäftsführung abwechseln sollen, Prof. Dr. Wachsmuth, Prof. Dr. Lamprecht, Prof. Dr. Arndt zu wählen, zu Schriftführern Dr. Baldamus, Prof. Dr. Mogk, Dr. Ilberg. Geh. Rat Wachsmuth bittet von ihm abzusehen und die Leitung in der Hand des Prof. Lamprecht zu lassen, dem es zu danken sei, daß der Historikertag das geworden, was er ist. Prof. Lamprecht erklärt sich durch diese Wendung überrascht, nimmt aber an in der Hoffnung, daß ihm als Neuling in der Leitung solcher Versammlungen Nachsicht zu teil werde. Auch die übrigen nehmen die Wahl an.

Der Vorsitzende empfiehlt nun unter Zustimmung der Versammlung, daß den Berichterstattern das Wort etwa eine halbe Stunde, den übrigen Rednern etwa zehn Minuten gegeben werde, und setzt ebenfalls unter Zustimmung der Versammlung den Antrag des Dr. Sieglin: „Die Versammlung möge den historischen Vereinen, sowie den deutschen Historikern überhaupt die wissenschaftliche Unterstützung der Neubearbeitung des Spruner-Menkeschen Atlas, vor allem der Gaukarten, besonders ans Herz legen", die Aussprache des Dr. Kohl über das Bismarckjahrbuch, das er von 1895 an herausgeben will, und den Antrag des Prof. Dr. v. Zwiedineck-Südenhorst über die Zukunft des deutschen Historikertages auf die Tagesordnung des Sonnabend.

Es folgt die Beratung über die Stellung der alten Geschichte im gelehrten Unterricht.

Die Berichterstatter Prof. Dr. Jäger, Direktor des kgl. Friedrich-Wilhelms-Gymnasiums zu Köln am Rhein, Prof. Dr. Hannak, Direktor des Lehrerpädagogiums zu Wien und Prof. Dr. Kämmel, Rektor der Nikolaischule zu Leipzig hatten Thesen aufgestellt, die unter die Mitglieder der Versammlung verteilt waren. (Siehe Anhang I.) Zur Einleitung erhält das Wort

Dr. Baldamus: Die heutige Versammlung schließt an die Münchener vom Vorjahre unmittelbar an. Nach den dort gefaßten Beschlüssen sollte dieser Zusammenhang besonders auch bei der Erörterung über den Geschichtsunterricht zu Tage treten. Die Neugestaltung dieses Unterrichts war ja einer der Anlässe für Berufung der Münchener Versammlung gewesen, und die Debatten über die Unterrichtsfragen hatten einen besonders lebhaften Charakter gehabt. Aus der reichen Fülle der im vorigen Jahre aufgestellten Thesen war zu einem Abschluß nur die principielle Frage nach der Aufgabe des Geschichtsunterrichts gekommen, unerledigt geblieben waren all die Thesen, die sich auf Ausgestaltung des Unterrichts im einzelnen bezogen. Die Vorträge und Debatten hatten hier sehr wertvolle Anregungen gegeben, die Erledigung der Fragen aber überwies die Versammlung der kommenden Leipziger. Diesem Auftrage standen wir hier gegenüber; wir mußten aber bald erkennen, daß die Aufnahme des ganzen in München unerledigt gebliebenen Pensums die heutige Sitzung überlastet hätte. So beschlossen wir denn, den künftigen Historikerversammlungen auch noch etwas zu lassen und in aller Bescheidenheit für uns nur eine Frage herauszugreifen. Wir wählten die Stellung der alten Geschichte im gelehrten Unterricht, weil dieser Lehrgegenstand von der Gymnasialreform, besonders in Preußen, stark betroffen ist, weil gerade bei ihm in Zweifel gezogen war, ob er den neuen Anforderungen gegenüber noch daseinsberechtigt sei. Wir nehmen an, daß wir mit Aufstellung solch einer speciellen Frage für die Verhandlungen einen festen Boden, einen sicheren Punkt für den Ausgang und auch die Rückkehr gewonnen haben, daß aber Anlaß genug vorliegen wird, auch andere in München aufgeworfene Fragen zu erörtern. Ich will nicht vorgreifen, aber ich glaube, daß die Thesen 3 und 7 zu der Frage nach der Vorbereitung fürs praktische Leben, für politische und sociale Arbeit, nach einer sogenannten Bürgerkunde, führen werden. Das zur Rechtfertigung der Beschränkung, die wir uns in der Themawahl auferlegt haben.

Der erste Berichterstatter, Direktor Dr. Jäger, weist darauf hin, daß die Frage über die Stellung der alten Geschichte im gelehrten Unterricht in hohem Grade zeitgemäß sei wegen der zahlreichen modernen Angriffe auf die humanistische Bildung und wegen der Einführung eines neuen Gymnasiallehrplans in Preußen, durch welchen der Unterricht in der alten Geschichte auf das empfindlichste geschmälert worden sei. Nach diesem Lehrplan beginnt der Unterricht in der alten Geschichte, abgesehen von dem biblischen Geschichtsunterrichte der beiden Unterklassen, in Quarta. Er hat insbesondere den Zweck, die ethischen Gedanken der vorchristlichen Entwicklung, das allmähliche Wachsen des Begriffs der Menschheit als eines ethischen Ganzen, des genus humanum darzulegen und fruchtbar zu machen. Das Gymnasium soll studieren lehren, deshalb ist aller Gymnasialunterricht propädeutischer Natur. Er soll durch Wissenschaft die Schüler zur Wissenschaft erziehen. Auf dem Gebiete der Geschichte ist dies am besten durch Darbietung der alten Geschichte möglich, mit welcher ein elementares, mit den höheren Klassenstufen in immer strenger wissenschaftlichem Sinne so zu nennendes Quellenstudium von Anfang an gegeben ist. Diese Quellenlektüre beginnt mit der Erlernung der Elemente der lateinischen Sprache und schreitet mit der Altersstufe fort. Nur dadurch wird die Vorstellung geschichtlicher Vorgänge wirklich lebendig. In Bezug auf die Darbietung erscheint ein zweimaliger Kursus in alter Geschichte psychologisch geboten. Für den ersten Kursus, welcher Erzählungen aus der griechischen und römischen Geschichte in chronologischer Folge vorführt, genügt ein Jahr.

Welche Partien auf dieser Stufe aus dem Gebiete der alten Geschichte zu ausführlicher Behandlung auszuwählen sind, muß dem Lehrer überlassen bleiben. Der obere Kursus bringt eine nochmalige ausführlichere Darstellung der römischen und griechischen Geschichte. Es muß als ein empfindlicher Verlust bezeichnet werden, daß dieser Unterricht durch den neuen preußischen Lehrplan bedeutend eingeschränkt worden ist. Ein Fortschreiten auf der dadurch betretenen Bahn würde entschieden gefahrbringend wirken. Für unsern besondern Standpunkt als Vertreter der historischen Bildung ist zu befürchten, daß das Verständnis aller Geschichte sinken wird, wenn die Schüler unserer Gymnasien die Quellenschriften der alten Geschichte nicht mehr in demselben Umfang und nicht mehr mit derselben Sicherheit und folglich nicht mehr mit demselben Gewinn wie früher lesen werden. Zum Schluß empfiehlt Dr. Jäger die Annahme seiner Thesen. (Siehe Anhang I.)

Der zweite Berichterstatter, Direktor Prof. Dr. Hannak, stimmt in den meisten Punkten mit dem Vorredner überein. Jedoch macht er es sich zur Aufgabe, dessen Ausführungen um einiges zu ergänzen, was seines Erachtens noch nicht stark genug hervorgetreten ist, und sodann die Praxis, die in Österreich auf dem fraglichen Unterrichtsgebiete herrscht, der Versammlung darzulegen.

Man bezeichnet die Gymnasien als gelehrte Anstalten, denn in ihnen soll die Grundlage zu einer höheren Bildung, speciell für die gelehrten Stände, geschaffen werden. Von diesem Gesichtspunkte aus ist die Forderung gerechtfertigt, daß in ihrem Unterrichte die Ergebnisse der Wissenschaft verwertet werden sollen. Einer zweiten Forderung, der Heranbildung der Jünglinge fürs Leben, ist dabei aber Rechnung zu tragen. In beiden Beziehungen ist die Geschichte des Altertums ein wichtiger, ja unerläßlicher Stoff des Gymnasialunterrichts.

Wenn wir die Richtung der Wissenschaft verfolgen, so offenbart sich uns ein bei allen Völkern und auch bei uns in der Neuzeit sichtbarer Fortschritt vom Glauben zum Erkennen, von der Religion durch die Spekulation oder Philosophie zur Erfahrung oder zur Geschichte. Daß die Wissenschaft der Gegenwart unter der Führung der Geschichte steht, beweist nicht nur die hohe Entwicklung der Geschichtswissenschaft seit Niebuhr und den Monumentis Germaniae, sondern auch der Fortschritt in den Naturwissenschaften, welche seit Darwin das Princip der Entwicklung ihren Forschungen zu Grunde legen. Und was ist dieses anders als das Princip der Geschichte? Die Laplacesche Theorie sucht die Geschichte unseres Sonnensystems, die Geologie die Geschichte unseres Erdballs und die Naturgeschichte die Geschichte des Organischen in der Natur von der einfachsten Zelle zum gegliedertsten Organismus des genus humanum darzulegen, während die Chemie die Urstoffe, die Physik die Urkräfte zu ergründen trachtet, die bei dieser Entwicklung thätig waren und sind. Da, wo die Natur=

wissenschaft aufhört, setzt die Geschichte ein. Ihre Aufgabe ist, die Entwicklung des genus humanum zu verfolgen und die Entfaltung des dieses genus von anderen Lebewesen unterscheidenden und auszeichnenden Merkmals, seines Geistes, in seinen Offenbarungen darzulegen. Soll aber die Jugend mit der Entwicklung des Menschengeschlechts vertraut gemacht werden, so darf keine wichtige Phase dieser Entwicklung fehlen. Eine der wichtigsten Phasen stellt uns die Geschichte der Griechen und Römer dar, denn ohne das Altertum giebt es keine Geschichte des genus humanum.

Auch ist die Geschichte der Griechen und Römer für uns deshalb von besonderer Wichtigkeit, weil die griechisch-römische Kultur ganz besonders die Entwicklung unseres Volkes und seiner Kultur beeinflußte. Die Griechen haben uns die Pflege des Schönen in den Künsten und die Forschung nach dem Wahren in der Philosophie gelehrt, und die Römer schufen Staat und Recht in so hoher Vollendung, daß wir noch jetzt auf diesem Gebiete lernend und bewundernd den Spuren folgen, die sie in unserem Staats- und Rechtsleben zurückgelassen haben. Um also die Schöpfungen unseres Volkes in Kunst und Wissenschaft, im Staats- und Rechtsleben zu verstehen, bedürfen wir des Studiums der Geschichte der klassischen Völker des Altertums.

Hierzu kommt noch, daß das Gymnasium die Jugend zum Kampfe gegen die socialistischen Bestrebungen vorbereiten und ausrüsten soll, soweit dies in seinem Bereiche möglich ist. Dazu sind zwei Forderungen zu erfüllen, die Jugend muß 1. einen richtigen Einblick in die gesellschaftlichen und politischen Verhältnisse gewinnen und 2. muß ihr Wille eine Richtung erhalten, welche dem Individualismus oder Egoismus entgegentritt und ihn den Zwecken der Gesamtheit, im vorliegenden Falle des Staates, unterordnet. Diesen Zwecken kann in hervorragender Weise die Geschichte der Griechen und Römer dienen, indem sie zuerst das Verständnis der wirtschaftlichen und politischen Fragen erschließt. Die richtige Einsicht in die politischen und socialen Verhältnisse wird bestimmend auf das Handeln des Jünglings einwirken, wenn er als Mann an dem öffentlichen Leben thätigen Anteil zu nehmen berufen sein wird. — Aber ein mächtigerer Antrieb zum Handeln als die gewonnenen Erkenntnisse sind **gute Gewöhnungen und richtige Vorbilder.** Der größte Teil unseres Denkens und Handelns beruht auf Associationen oder Gewohnheiten und auf unbewußter Nachahmung. Die Geschichte vermag durch das häufige Hervorkehren und starke Betonen eines bestimmten Gedankenkreises das Denken und durch das Vorführen anregender Beispiele das Wollen der Jugend in bestimmte Richtungen zu lenken. Der Referent hebt nun hervor, wie die Geschichte des klassischen Altertums ganz besonders geeignet ist, der Jugend das Aufgehen des Individuums im Staate, des Selbstbewußtseins im Staatsbewußtsein vor Augen zu stellen und in der Unterordnung unter das Staatsganze, in der treuen Hingabe an die Interessen des Staates eine ihrer wichtigsten Aufgaben zu suchen. — Darauf erläutert er seine Auseinandersetzungen an dem Lehrplan der österreichischen Ober- und Untergymnasien und hebt die Verteilung des Stoffes in alter Geschichte auf den Anfang und auf den Schluß des Obergymnasiums deshalb als besonders zweckmäßig hervor, weil hierdurch eine Konzentration des Materials insofern ermöglicht wird, als in V (III A) und VI (II B) in allgemeinen Zügen das Bild der organischen Entwicklung der Griechen und Römer gezeichnet wird, das aus der Lektüre der Quellenschriften sowohl vom Untergymnasium her, als auch vom Obergymnasium in einzelnen wichtigen Epochen und Erscheinungen eine lebendige Ausführung erfährt und dann am Schlusse so ergänzt und vervollständigt noch einmal vor den Schülern aufgerollt wird. Hierauf geht er auf die Berücksichtigung der altorientalischen Geschichte ein. Er wünscht namentlich ein gewisses Eingehen auf die Geschichte Ägyptens und der mesopotamischen Weltreiche, da diese von mächtigem Einfluß auf die Kunst und Wissenschaft der Griechen und speciell auf die Religion des Abendlandes gewesen ist. Wollen wir in der Geschichte die Entwicklung des genus humanum darlegen, so darf eine so wichtige Periode, wie es die altorientalische Geschichte ist, nicht fehlen. Weiterhin betont Referent die Notwendigkeit einer starken Hervorhebung der Mythen und Sagen, welche dem kindlichen Geiste näher liegen, da sie, aus der Kindheit des Volkes stammend, als Produkte seiner lebhaften Phantasie wieder auf die kindliche Phantasie wirken, und da deren Kenntnis zum Verständnisse der Werke unserer Dichtkunst und der bildenden Künste unentbehrlich ist. Am Obergymnasium habe die Sage als solche zurückzutreten; aber hier gelte es, den historischen Kern der Sage zu suchen, was eine außerordentlich anregende Arbeit und fürs Leben wichtig sei, weil die Jugend auf diese Weise die Wertschätzung der einheimischen Sagen kennen lerne. Eine wesentliche Forderung des modernen Geschichtsunterrichts ist die Hervorhebung des Kulturgeschichtlichen, der namentlich in der griechischen Geschichte durch Berücksichtigung ihrer Leistungen in der Kunst Rechnung getragen werden müsse; denn auf diesem Gebiete haben die Griechen das Hervorragendste geleistet. Wolle man sie in ihrer Weltstellung richtig erfassen, so müsse man ihre künstlerische Thätigkeit verfolgen.

Nachdem der Referent im Anschlusse an seinen Vorredner den Wert der Konzentration des historischen mit dem philologischen Elemente durch Herstellung der Wechselbeziehungen zwischen der Geschichte und den anderen Disciplinen, namentlich den klassischen Sprachen besonders hervorgehoben und an der Hand des österreichischen Lehrplanes dargethan hatte, wie die klassische Lektüre diesem Zwecke dienstbar gemacht werden könne, streifte er die Heranbildung der Lehrer der alten Geschichte und fügte zum

Schlusse Bemerkungen über die Didaktik des Geschichts=
unterrichts an, wobei er ganz besonders sich dagegen aus=
sprach, daß man die historischen Thatsachen in ungeordneter Weise
an irgend welche im Bewußtsein der Knaben vorhandene rein zu=
fällige Kenntnisse anknüpfe, um dann die Möglichkeit zu haben,
sie unter Mitbethätigung des Schülers zu ordnen, zu ergänzen und
zu verbinden, oder daß man die Jugend dazu anhalte, das, was
der Lehrer in der nächsten Stunde zu lehren gedenke, zuvor aus
dem Lehrbuche auswendig zu lernen.

Nach diesen Auseinandersetzungen empfahl er einzelne Ab=
änderungen und Zusätze zu den Thesen seines Vorredners Dr. Jäger,
wie sie in den seinen niedergelegt sind. (Siehe Anhang I.)

Der dritte Berichterstatter, Rektor Prof. Dr. Kämmel, stellte
zunächst fest, daß er in den entscheidenden Grundanschauungen mit
den beiden anderen Herren Referenten einverstanden sei, aber im
einzelnen mannigfach abweiche. Die erste These sei allen dreien
gemeinsam, die dritte in der Hauptsache. Demgemäß erklärte er
sich ebenfalls gegen eine zu weitgehende Verkürzung des Lateini=
schen und Griechischen, obwohl er hervorheben zu müssen glaubte,
daß das, was auf den Unterricht in den klassischen Sprachen
drücke, nicht sowohl die Verminderung der Stundenzahl als der
intensivere Betrieb der Mathematik sei, die ihrer Natur nach
das Interesse und die Arbeitskraft der Schüler unverhältnismäßig
stark in Anspruch nehme. Er wünschte eine ausgiebige Behand=
lung der alten Geschichte, da sie erstens für unsere ganze Ent=
wicklung die Grundlage bilde, sodann ein in sich völlig abge=
schlossenes, demnach unbefangenes Urteil gestatte und aus diesen
Gründen besonders in politisch erregten Zeiten oder bei starken
konfessionellen und nationalen Gegensätzen, die auch das Urteil
über die eigene Vergangenheit zu beeinflussen pflegen, ein neu=
trales Gebiet darstelle, zweitens aber allein für die Schule eine
einigermaßen eindringende und umfängliche Quellenlektüre ge=
statte. — Andere dafür vorgebrachte Gründe vermochte der Referent
dagegen nicht ganz anzuerkennen. Namentlich stimmte er der An=
schauung, die Betrachtung des antiken, besonders des römischen
Staatslebens solle dem germanischen Individualismus entgegen=
wirken, deshalb nicht bei, weil wir von unserm Standpunkte aus
eine solche Staatsomnipotenz gar nicht wollen können, für uns
das Leben im Staate eben nicht aufgehe, und er es überhaupt
für bedenklich halte, die Schule als Pflanzstätte für bestimmte
politische Anschauungen zu benützen.

Sodann wandte sich der Referent den Punkten zu, in denen
er von den Herren Vorrednern grundsätzlich abweiche. Der erste
betraf die Stellung der (politischen) Geschichte des alten Orients
(5. These). Sie in größerem Umfange zu berücksichtigen, sei weder
Zeit noch Anlaß. Sie liege uns zeitlich und innerlich zu fern, biete
auch in dem Vorwiegen des Zuständlichen, dem Zurücktreten des

Persönlichen und der Einförmigkeit des politischen Elements für die Jugend wenig Bildungsstoff, käme überdies schon als Hintergrund für die alttestamentliche Geschichte zur Behandlung. Es genüge demnach, sie in dem Umfange, wie die 5. These vorschlage, zu behandeln, sie also auf die entscheidenden Hauptthatsachen und charakteristischen Kulturbilder zu beschränken.

An zweiter Stelle besprach Kämmel die für die Verteilung des historischen Lehrstoffs auf die Klassen gemachten Vorschläge. Zunächst bekämpfte er die Ansicht, daß der geschichtliche Unterricht erst etwa im dritten Jahre des Gymnasialkursus (IV) zu beginnen habe. Denn das historische Bedürfnis sei schon in den beiden ersten Jahren sehr lebhaft und werde weder durch das deutsche Lesebuch, noch durch die biblische Geschichte befriedigt, die den Knaben nichts eigentlich neues bringe. Man dürfe natürlich nicht etwa mit der neueren vaterländischen Geschichte anfangen, denn was diese erzähle, seien für die kindliche Anschauung gar keine richtigen Heldenthaten, sondern man müsse mit der Sagenwelt beginnen, dann zu Biographien und Einzelbildern aus der Geschichte übergehen. So sei es in Sachsen für VI und V vorgeschrieben und werde mit gutem Erfolge so gehandhabt, ähnlich in Österreich. Mit einem doppelten (unteren und oberen) Kursus in der Geschichte, also auch in der alten, sei er ganz einverstanden; er finde aber diese Forderung im sächsischen Lehrplan vollständig erfüllt. Sehr entschieden wandte sich endlich der Referent gegen den in Preußen seit 1892 eingeführten Abschluß des unteren Geschichtskursus im 6. Jahre des ganzen Gymnasialkursus (II B). Dieser Abschluß sei den Gymnasien aus ganz äußerlichen Gründen aufgenötigt, gefährde die Einheit des Lehrplans und also die innere Einheit des Gymnasiums, das vor solcher schweren Gefährdung nicht durch derartige Zugeständnisse zu sichern sei, sondern durch möglichste Vermehrung der lateinlosen Realschulen, wie sie etwa in Sachsen schon durchgeführt sei, und vielleicht auch durch die Einräumung weiterer Berechtigung für die Realgymnasien, die auf ihrem gegenwärtigen Standpunkte schwerlich lange mehr verharren könnten. — Durch den Abschluß in II B werde vor allem die Zeit für den 2. Geschichtskursus verkürzt; für das Mittelalter genüge allerdings bei entsprechender Auswahl des Stoffes ein Jahr, für die alte Geschichte reiche ein Jahr nicht aus, für die ganze neuere Geschichte (womöglich bis 1888) genüge ein Jahr keinesfalls, denn man könne die neuere Geschichte ihrer ganzen Natur nach nicht auf die deutsch=preußische Geschichte beschränken. Das Bedürfnis nach einer tieferen Einführung gerade in die neue und neueste Geschichte sei bei der heranwachsenden Jugend vorhanden, und die höhere Schule habe um so mehr die Pflicht, diesem Bedürfnis zu genügen, da die Universitätsvorlesungen wesentlich Fachstudien dienen. Erwecke also nicht schon die Schule das Interesse und Verständnis, so werde es sich bei sehr vielen überhaupt niemals einstellen, und das sei ein dauernder Schade. Endlich sei gar nicht zu verkennen, daß das Interesse und noch mehr die Bewunderung für die politische Geschichte des Altertums bei der Gymnasialjugend entschieden abgenommen habe, seitdem wir selbst wieder ein großes Volk geworden seien. Die Einwände, die man etwa machen könne, die Unreife der Schüler und den Mangel an Unbefangenheit im Urteil über unsere eigene neueste Geschichte, suchte der Referent im voraus zu entkräften, indem er besonders darauf hinwies, daß die Pflege patriotischer Gesinnung und Begeisterung eine Pflicht der Schule, eine kühle, nur verstandesmäßige Behandlung dieses Stoffes gar nicht ihre Aufgabe sei. Auch treffe der Vorwurf, die neuere Geschichte sei zu verwickelt für das jugendliche Verständnis, nicht minder manche Partien der alten Geschichte, und an Quellenlektüre mangle es auch in der neueren Geschichte keineswegs ganz, wenn sie auch niemals so ausgedehnt werden könne, wie für die antike. So kam der Referent schließlich zu seiner 7. These. In Anknüpfung daran führt er noch aus, daß gerade für die hier vorgeschlagene Vertiefung der Kenntnis und des Verständnisses namentlich nach der kulturgeschichtlichen Seite im weitesten Sinne das Interesse der älteren Schüler leicht zu gewinnen sei, weil hier eine einigermaßen eindringende Behandlung möglich sei und ein aufkeimendes wissenschaftliches Bedürfnis in durchaus naturgemäßer Weise befriedigt werde. Er schloß mit der Bitte, auch die 7. These anzunehmen. (Siehe Anhang I.)

Die Versammlung tritt hierauf in die Diskussion ein. Prof. Herrlich-Berlin bespricht die 6. Hannaksche These und befürwortet, die griechische Kunst im historischen Unterricht des Gymnasiums mehr zu berücksichtigen als bisher. Man hat Ferienkurse eingerichtet und Reisestipendien gewährt; es fehlt aber noch an Anschauungsmaterial, besonders zur Vorführung der typischen Werke der griechischen Plastik. Nicht die „ästhetische Erziehung" will der Redner betont wissen, sondern, daß die universalhistorische Bedeutung des griechischen Volkes nicht zum wenigsten auf seinen Leistungen in der bildenden Kunst ruhe. Gerade bei der Verkürzung der Zeit, die der Einführung in die Welt des Altertums auf den preußischen Gymnasien gestattet ist, muß das Interesse angespornt werden; das ist durch die griechische Kunst mit Erfolg möglich. Allerdings darf man nicht auf eine gelegentliche Berücksichtigung derselben bei der antiken Klassikerlektüre verweisen. Es sind die Hauptergebnisse der mykenischen Entdeckungen darzustellen; dann würden Olympia, die athenische Akropolis in architektonischer Hinsicht zu besprechen sein, hierauf die Plastik in den Hauptzügen von den Äginetischen Skulpturen an, Phidias, Myron, Praxiteles, Skopas, Lysippos. Statt der politischen Geschichte der Diadochenzeit ist die Kunst dieser Periode hervorzuheben. Die Sache hat auch eine nationale Seite; die deutschen Ausgrabungen in Olympia und Pergamon sind nationale Thaten.

Direktor Martens-Elbing wendet sich gegen Prof. Jäger und spricht vom Standpunkt der preußischen Gymnasialreform aus. Von der alten Geschichte muß nachgelassen werden, wenn wir in neuerem Sinne wirken wollen. Allerdings ist die alte Geschichte grundlegend bis auf den heutigen Tag, aber man darf sich mit der humanistischen Bildung nicht der modernen Zeit entgegenstellen. Man doziert sonst das humanistische Gymnasium aus dem Volksbewußtsein heraus, und es dauert nicht lange, bis der Sturm sich erhebt, der es beseitigt. Der Abschluß der Pensen mit Untersekunda ist durchaus zu billigen; jetzt ist für den ersten Kursus (von Quarta bis Untersekunda) ausreichende Zeit erlangt. Mit den drei übrigen Jahren muß man sich einrichten.

Die alte Geschichte hat in politischer Hinsicht nicht mehr dieselbe Wichtigkeit wie früher. Ihr Wert liegt auf verfassungs- und kulturgeschichtlichem Gebiet und um dieses Pensum zu behandeln, brauchen wir nicht einmal das ganze Jahr der Obersekunda. Wir haben in der altklassischen Lektüre das Heil für die alte Geschichte zu suchen. Den Schaden von der neuen Organisation hat nicht der Historiker, sondern der Philologe, und auf dessen Schaden brauchen wir ja nicht in erster Linie zu sehen. Wir müssen uns hier über den specifischen Standpunkt der einzelnen Lehrpläne erheben. Der Redner stellt zum Schluß folgende Thesen auf:

1. Die alte Geschichte ist für das Verständnis aller weiteren Geschichtsentwicklung, einschließlich der neuen Geschichte, von grundlegender Bedeutung, besonders in ihren verfassungsgeschichtlichen und kulturgeschichtlichen Verhältnissen.

2. Wo die Oberstufe nur über einen dreijährigen Kursus verfügt, ist ein gleichmäßiges zweimaliges Durchwandern des ganzen Geschichtsgebietes unmöglich; vielmehr ist auf der Oberstufe solcher Anstalten dadurch, daß der Unterricht in alter Geschichte sich wesentlich auf Verfassungsgeschichtliches und Kulturgeschichtliches beschränkt, Raum zu lassen für mittlere und neue Geschichte.

3. Dies kann ohne Schädigung der historischen Erkenntnis des Altertums geschehen, wenn

   a. das rein faktische Material der alten Geschichte auf allen dem ersten Kursus folgenden Klassen der Mittelstufe durch systematische Repetition erhalten und zu festem Besitz eingeprägt wird;

   b. die altklassische Lektüre der Oberstufe zur Ergänzung und Vertiefung alles in alter Geschichte Gelernten derartig ausgenützt wird, daß sie als elementare Quellenlektüre erscheint, und wesentlich der historischen Erkenntnis des antiken Lebens dient.

Prof. Goldschmidt=Berlin billigt vor allem die 7. Kämmelsche These. Er beantragt jedoch, daß darin die Klammer (wo möglich drei Jahre einräumen und) gestrichen werde.

Prof. Quidde=München: Die bisherigen Änderungen im Lehrplane der alten Geschichte sind hervorgerufen durch die äußere Notwendigkeit des Abschlusses mit Untersekunda. Die meisten Herren sehen darin etwas Gegebenes, aber aus pädagogischen, inneren Gründen ist bisher nur Martens dafür eingetreten. Wenn man im unteren Kursus Muße gewinnen will, so wird die Überstürzung in der Oberstufe desto größer. Die Versammlung kann sich ein Verdienst erwerben, wenn sie erklärt, ehe man den historischen Unterricht neu regeln könne, gelte es die Zwangsjake, den Abschluß mit Untersekunda, zu beseitigen. Redner bringt folgende Resolution ein: „Für die gedeihliche Gestaltung des Unterrichts in der alten Geschichte wie des ganzen Gymnasialunterrichts ist es wesentlich, daß der durch äußere Gründe veranlaßte Einschnitt nach Untersekunda fortfällt und das damit zusammenhängende Berechtigungswesen von Grund aus reformiert wird".

Prof. Vogt=Augsburg bekennt, jetzt im Gegensatz zu seinen früheren Anschauungen ein Freund des Martensschen Standpunktes geworden zu sein. Es möchten an Stelle der Theorien Fragen der Methodik und Didaktik erörtert werden. Zu beklagen ist, daß die großen Reformfragen nicht gemeinsam in Deutschland beraten worden sind; wir wären über manche Verschiedenheiten hinausgekommen, vielleicht auch über die, wann und wo die neuere Geschichte zu lehren ist. Es nützt nichts, wenn man sagt, die antike Geschichte empfehle sich wegen ihrer Objektivität. Darauf kommt es an, heranwachsende Jünglinge für das Leben zu erziehen. Der Schüler muß in die Streitfragen der Gegenwart hineingeführt werden, man darf ihm die Klippen nicht verheimlichen. Eine gründliche Kenntnis der modernen Geschichte ist notwendige Forderung; die Universität bietet den meisten Studenten nicht Zeit und Gelegenheit, diese Kenntnisse sich zu erwerben.

Prof. Böhtlingk=Karlsruhe spricht, obwohl von Fach neuerer Historiker, die Überzeugung aus, daß die Alten das Fundament sind, auf dem die europäische Geschichte ruht. Diese ist nicht vom mittelländischen Meere zu trennen, deshalb müssen wir zuerst die Geschichte der Völker lehren, die ums Mittelmeer wohnen. Zur Erziehung für den modernen Staat können wir jedoch diesen Unterricht nicht benutzen, dazu sind die Verhältnisse zu verschiedenartig. Diese Aufgabe muß ein Unterricht in der „Bürgerkunde" erfüllen.

Direktor Jäger=Köln erklärt, keineswegs auf einem „fossilen Standpunkt" zu stehen, sondern schon länger als die öffentliche Meinung einen modernen zu vertreten, und acceptiert Kämmels Sätze mit dem von Goldschmidt vorgeschlagenen Amendement. Daneben will er seine 4. These aufrecht erhalten wissen. Die Be=

handlung der Kunstgeschichte, wie sie Herrlich vorgeschlagen hat, erfordert bereits die Kenntnis der Geschichte. Zu der These von Quidde kann der Redner keine Stellung nehmen, da eine Debatte über die berührte Frage überhaupt nicht stattgefunden hat. Er ist zufrieden, wenn die 4. These ohne den letzten Satz angenommen wird („In dem preußischen Gymnasiallehrplan von 1892 erscheint diese Grenze überschritten").

Rektor Kämmel=Leipzig schließt sich dem Amendement seiner 7. These an und schlägt vor, darin einzusetzen: „der hier die planmäßigen Stunden der Hauptsache nach zu widmen sind".

Der Vorsitzende, Prof. Lamprecht, faßt den Gang der Debatte zusammen. Er bittet bezüglich der Modifikationen der 4. Jägerschen und 7. Kämmelschen These um eine Meinungsäußerung Hannaks.

Direktor Hannak=Wien konstatiert, daß ein grundsätzlicher Unterschied zwischen seinen und Kämmels Thesen nicht vorhanden sei; These 1 b decke sich in der Hauptsache mit These 7. An These 6 hält der Redner fest.

Prof. Lamprecht: Es liegen nunmehr von den Thesen der Referenten zur Beschlußfassung lediglich vor die Kämmels einschließlich These 4 von Jäger und These 6 von Hannak.

Direktor Martens=Elbing hält These 1 für unnötig und bekämpft These 4. Er ist mit der Schmälerung des Unterrichts in den alten Sprachen einverstanden, weil er damit einverstanden sein müsse. Der alte, humanistische Charakter kann trotzdem dem Gymnasium erhalten bleiben. Es ist übrigens falsch, daß der historische Sinn nur hervorgehe aus der Lektüre alter Klassiker.

Prof. Martens=Elberfeld: Es ist jetzt in Preußen nicht möglich, in dem einen Jahre der Obersekunda die alte Geschichte auch nur einigermaßen gründlich zu behandeln. Von einem Gegensatz zwischen Philolog und Historiker, wie er konstatiert wurde, darf keine Rede sein; der Historiker verliert ebenfalls durch die Beschränkung des klassischen Unterrichts, indem dadurch der historische Sinn schwinden muß. Die 4. These besteht durchaus zu Recht.

Direktor Fries=Halle empfiehlt ebenfalls These 4, bezweifelt freilich, ob ihre Annahme praktische Wirkung haben werde. Man darf für alte Geschichte nicht zu sehr auf die klassische Lektüre verweisen. Es soll jetzt die Grammatik möglichst auf induktivem Wege aus der Lektüre gewonnen werden, dadurch ist der Lehrer vielfach gezwungen, auf den Inhalt weniger einzugehen.

Die Beschlußfassung über die Thesen und den Antrag Quidde wird auf Nachmittag $1/2$ 4 Uhr festgesetzt.

Schluß der 1. Sitzung 1 Uhr 20 Min.

2. Sitzung.

Donnerstag, den 29. März, ½ 4 Uhr nachm.

Fortsetzung der Beratung über die Stellung der alten Geschichte im gelehrten Unterricht.

Direktor Martens-Elbing zieht zu Gunsten der Kämmelschen Thesen die seinigen zurück unter der Voraussetzung, daß These 1 der Referenten als selbstverständlich weggelassen wird.

Dr. Baldamus-Leipzig verliest die neue Ordnung der Thesen.

Direktor Martens-Elbing und Jäger-Köln beantragen, über die Thesen einzeln abzustimmen.

Die erste These wird einstimmig angenommen und lautet:

„Da eine wirkliche Quellenlektüre im Gymnasium in einiger Ausdehnung nur auf dem Gebiete des Altertums möglich ist, wo alle Lektüre im weiteren Sinne diesen Charakter trägt, und da ferner die Geschichte der Griechen und Römer nicht nur an sich eine der wichtigsten Partien der allgemeinen Geschichte und die Voraussetzung für das Verständnis unserer eignen bildet, sondern auch ein in sich völlig abgeschlossenes und verhältnismäßig leicht übersichtliches Ganze darstellt, so muß der Unterricht in der alten Geschichte die Grundlage aller weiteren historischen Kenntnis und Bildung bleiben".

Die zweite These wird ebenfalls angenommen (gegen 1 Stimme) in der Fassung:

„Die Geschichte der altorientalischen Völker ist nur insoweit, und zwar in enger Verbindung mit der griechischen Geschichte zu behandeln, als sie die Gestaltung des persischen Reichs vorbereitet hat".

Die dritte These lautet:

„Auf der obersten Stufe des Gymnasialunterrichts muß im systematischen Betriebe die alte Geschichte hinter der neueren, insbesondere der deutschen, zurücktreten, der hier die planmäßigen Stunden der Hauptsache nach zu widmen sind; die vertiefende Betrachtung der alten Geschichte ist im wesentlichen der Klassikerlektüre zuzuweisen".

Prof. Prutz-Königsberg beantragt, daß nach den Worten: „insbesondere der deutschen" eingeschoben werde: „bis 1871".

Nach einigen weiteren Bemerkungen wird auf Antrag von Martens-Elberfeld über den ersten und zweiten Teil der These („Auf — zurücktreten" und „der hier — zuzuweisen") gesondert abgestimmt. Der erste Teil wird einstimmig angenommen, das Amendement Prutz mit 64 gegen 49 Stimmen abgelehnt, der zweite Teil findet Annahme gegen 1 Stimme.

Als vierte These steht Hannaks sechste zur Beschlußfassung.

Prof. Herrlich-Berlin hält die Schlußworte: „und der hierin vorwaltende Sagenstoff auf beiden Stufen des Gymnasiums berücksichtigt werde" für selbstverständlich und beantragt sie wegzulassen.

Direktor Jäger-Köln möchte die ganze These, als allgemein anerkannt, fallen sehen.

Nachdem Prof. Hannak seine These verteidigt, ebenso Martens-Elbing und Herrlich-Berlin dafür gesprochen haben, greift Dr. Liesegang-Berlin ihre Fassung an.

In der darauf folgenden Abstimmung wird die Formulierung des Anfangssatzes nach dem Antrag Liesegangs gebilligt und der Schlußsatz nach Herrlichs Vorschlag verworfen.

Die These wird mit Majorität in folgendem Wortlaut angenommen:

„Die Leistungen der Griechen auf dem Gebiete der bildenden Künste sollen an der Hand geeigneter Anschauungsmittel als wichtiger Bestandteil der Kulturgeschichte der Jugend vorgeführt werden".

Bei Besprechung der fünften (vierten Jägerschen) These macht Dr. Klatt-Berlin darauf aufmerksam, daß nach der Streichung des Schlußsatzes durch Jäger die Worte: „über eine gewisse Grenze hinaus" unklar geworden sind. Er empfiehlt deshalb Beibehaltung des Schlußsatzes.

Direktor Jäger-Köln ist damit einverstanden und schlägt vor, über den ersten und zweiten Satz der These gesondert abzustimmen.

Prof. Quidde-München wünscht, daß für die Worte: „schwächt den historischen Sinn" gesetzt werde: „erschwert den Unterricht in der alten Geschichte".

Provinzialschulrat Kramer-Magdeburg bezweifelt, ob der historische Sinn mit fremdsprachlicher Lektüre zusammenhängt. Auch die lateinlosen Oberrealschulen erziehen zu historischem Verständnis. Es scheint noch nicht an der Zeit zu sein, sich über den Erfolg des nach dem neuen Lehrplane erteilten geschichtlichen Unterrichts auszusprechen.

Prof. Stieve-München weist darauf hin, daß eine Debatte über die vorliegende These vielmehr Sache einer Philologenversammlung als eines Historikertages sei und will die These weggelassen wissen als außerhalb der Kompetenz der Versammlung liegend.

Es wird zunächst der Stievesche Antrag mit 86 gegen 77 Stimmen abgelehnt. Alsdann wird die These in ihrem ganzen Umfange mit großer Majorität angenommen und zwar in der durch Quidde modifizierten Fassung mit folgendem Wortlaut:

„Die Schmälerung des lateinischen und griechischen Unterrichts über eine gewisse Grenze hinaus erschwert den Unterricht in der alten Geschichte und schädigt also mittelbar auch den

Unterricht in vaterländischer und neuerer Geschichte. In dem preußischen Gymnasiallehrplan von 1892 erscheint diese Grenze überschritten".

Der Antrag Prof. Quiddes über den Einschnitt im preußischen Lehrplan nach Untersekunda wird für Sonnabend zur Beratung gestellt.

Nach einer Pause hält Prof. Dr. Schmoller aus Berlin einen Vortrag über den **deutschen Beamtenstaat vom 16. bis 18. Jahrhundert.** Derselbe wird gedruckt erscheinen in der Beilage zur (Münchener) Allgem. Ztg. und in Schmollers Jahrbuch, N. F. XVIII. 3.

---

3. Sitzung.

Freitag, den 30. März 9 Uhr vorm.

Beratung über Stand und Bedeutung der landesgeschichtlichen Studien, insbesondere über die Arbeitsgebiete der landesgeschichtlichen Publikationsgesellschaften.

Prof. Dr. Lamprecht spricht in einigen einleitenden Worten über den Wert der landesgeschichtlichen Studien und hält es für zeitgemäß, daß man über den Stand der Forschungen auf diesem Gebiete einen allgemeinen Überblick gewinne. Als Referenten sind vom Ausschuß gerade diejenigen Herren gewählt worden, die selbst in Publikationsfragen thätig sind und bestimmte Richtungen in ihnen vertreten, wie sie in der verschiedenartigen Arbeit bei den einzelnen Ländern begründet sind.

Prof. Dr. von Zwiedineck-Südenhorst (Graz) eröffnet die Beratung und charakterisiert zunächst die Thätigkeit der Provinzial-Geschichtsvereine in den letzten Jahrzehnten. Ihre Aufgabe war, das Interesse der Geschichtsfreunde auf alle die verschiedenartig gestalteten Denkmäler der Vergangenheit zu lenken, durch deren Erhaltung, Erklärung und Beschreibung die historische Kenntnis erweitert werden kann, die Ergebnisse emsiger dilettantischer Sammelarbeit, die meist von lokaler Anregung ausgehen, in Verbindung mit zielbewußter Forschung (die der Fachmann an den seinem Wohnorte naheliegenden Denkmälern anstellt) dem engeren Kreise der Heimatsgenossen bekannt und der Benutzung durch die historischen Arbeitsgenossen zugänglich zu machen. Diese Aufgabe ist in allen deutschen Landen mit Hingebung erfaßt worden, und ihre Erfassung hat segensreich für die historische Wissenschaft und für die Vertiefung und Verbreitung der Heimatsliebe gewirkt. Innerhalb der natürlichen Entwicklung des lokalgeschichtlichen Forschertriebes entfaltete sich eine außerordentliche Vielseitigkeit, die keiner Steigerung mehr bedarf. Unter den Historikern regt sich vielmehr der Wunsch, es möge der Zersplitterung der Kräfte Einhalt gethan und nunmehr aus den zahlreich erschlossenen, aber noch lange nicht genügend ausgebeuteten Quellen eine bestimmte Gruppe ausgewählt werden, deren **umfassende Verwertung** hohe wissenschaftliche Ziele fördern könnte. Die Berechtigung dieser Anschauung lehrt ein Überblick über die Leistungen der deutsch-österreichischen Geschichtsvereine. Sie hat auch zur Gründung der historischen Landeskommission für Steiermark geführt, deren Thätigkeit der Erforschung und Darstellung der Verfassung und Verwaltung dieses Landes gewidmet ist. Aus der Mitte der steiermärkischen Landesvertretung wurde der Wunsch nach Aufklärung über die Einrichtung der Verwaltung in früheren Perioden des öffentlichen Lebens laut, es wurde das Bedürfnis, daß die Organe der modernen Verwaltung über lange geübte, aber nicht mehr beachtete Verwaltungsformen unterrichtet werden, anerkannt. Die Ausdehnung und Reichhaltigkeit des Materials, das zu diesem Zwecke bearbeitet werden muß, macht es dem Einzelnen unmöglich, alle Fragen zu beantworten die gestellt werden; nur die **Arbeitsteilung** und ein **Zusammenfassen** aller verfügbaren Kräfte zur Erreichung des klar ausgesprochenen Zieles kann Bürgschaft für das Gelingen eines derartigen Unternehmens bieten.

Redner giebt alsdann ein Bild von der Organisation und dem Arbeitsprogramm der historischen Landeskommission für **Steiermark**. Ganz besonders hat sich der frühere Landeshauptmann und jetzige Handelsminister Graf Wurmbrand um sie verdient gemacht; sie erfreut sich der Unterstützung des steiermärkischen Landesausschusses, der Regierung, geistlicher und weltlicher Korporationen, besonders aber der in Steiermark altangesessenen Adelsfamilien, von denen bisher 20 jährlich Unterstützungen im Gesamtbetrage von ca. 1000 fl. zugesagt haben. Auch die Geschichte der letzteren zu fördern hat sich die Kommission bereit erklärt.

Auf Grund dieser Darstellung erklärt es Referent für wünschenswert, daß in jenen Gebieten Deutschlands, die längere Zeit eine gemeinsame Verwaltung besessen haben, an welche die Gegenwart anknüpft, umfassende Arbeiten angestellt werden, die sich auf Sammlung, Sichtung und Bearbeitung des Quellenmaterials für Geschichte der **Verfassung und Verwaltung** erstrecken. Als Endergebnis wäre anzustreben: eine zusammenfassende Geschichte der landesfürstlichen Regierungen, der landständischen Vertretungskörper, der kirchlichen Verfassung und Verwaltung, der städtischen und gutsherrlichen Verwaltung, des Rechtswesens, des Betriebes von Groß- und Kleingrundbesitz, des Handels und Verkehrs, des Berg- und Hüttenwesens, des Geld- und Münzwesens, der Landesverteidigung, der Ansiedlungsformen u. s. w. — Es könnten noch weitere Körperschaften mit derselben Tendenz ins Leben gerufen werden; verdienstlich wäre es, wenn die historischen Vereine in ihren Publikationen bestimmte Richtungen der Verwaltungsgeschichte pflegen und ihre (sammelnden und schaffenden) Mitglieder zu gegenseitig sich ergänzender Thätigkeit in dieser Richtung anfeuern wollten.

Dr. von Weech, Direktor des Generallandesarchivs (Karlsruhe) spricht über die landesgeschichtliche Forschung in Baden. Hier liegen die Verhältnisse anders als in Steiermark. Baden ist ein verhältnismäßig junges Staatsgebilde aus der Napoleonischen Zeit. Es umschließt viele kleinere Gebiete, die teilweise (Pfalz, Breisgau) größeren fremden Gebieten angehört haben. Deshalb kann die Forschung hier kaum so gestaltet werden, wie bei einem früher territorial geschlossenen staatlichen Organismus. Andererseits wird aber dadurch auch die Bearbeitung der wirtschaftlichen und socialen Entwicklung mehr in den Vordergrund gestellt. Aus diesem Gesichtspunkte wurde von der badischen Regierung 1883 die Kommission eingesetzt und mit Zustimmung des Landtags wohl dotiert, die die Geschichte des großherzoglichen Hauses und des badischen Landes erforschen, wie die Herausgabe von Quellen und darstellenden Werken veranlassen sollte. Vereine, die eine Kommission ersetzen konnten, gab es nicht; die vorhandenen Vereine trieben nur Lokalgeschichte ohne größere Veröffentlichungen. Schon früher hatte das Landesarchiv unter Leitung von F. J. Mone die Quellensammlung für Landesgeschichte und die Zeitschrift für die Geschichte des Oberrheins herausgegeben und reichhaltiges Material zusammengebracht, das auch wirtschaftliche Geschichtsforschung gestattete. In Baden arbeitete man nach dieser Richtung früher als anderswo. — Zu der Kommission gehören der Direktor und die Räte des Landesarchivs und andere zum erstenmal von der Regierung ernannte, seither durch die Kommission gewählte Gelehrte. In den 11 Jahren ihres Bestehens hat die Kommission viele und mannigfaltige Quellen auf den verschiedensten Gebieten und einige darstellende Werke über die Vergangenheit Badens bis herab in unser Jahrhundert veröffentlicht, die teilweise (Regesten der Pfalzgrafen und der Bischöfe von Konstanz, Wirtschaftsgeschichte des Schwarzwaldes) auch die Geschichte der Nachbarländer berühren. Um doppelte Arbeit zu vermeiden, ist eine Verbindung der Kommission mit entsprechenden Instituten der Nachbarländer wünschenswert. Die Neue Folge der Zeitschr. für Gesch. des Oberrheins ist Organ der badischen und elsässischen Geschichtsforscher. Die Kommission hat auch eine Organisation getroffen, die unter Hülfe von Geschichtsfreunden die Verzeichnung der Archivalien der Gemeinden, Pfarreien, Adelsfamilien u. s. f. vornimmt, welche in den „Mitteilungen" der Kommission veröffentlicht werden. Hierdurch ist viel Material bekannt geworden. Um Interesse für Landesgeschichte in weitere Kreise zu tragen, erscheinen jetzt auch populäre Veröffentlichungen in Gestalt von „Neujahrsblättern".

Was die Art der Bearbeitung der Quellen betrifft, so erhalten einzelne Gelehrte bestimmte Aufträge. Zu umfassenderen Arbeiten werden mehrere Hülfsarbeiter angestellt. Gegenwärtig sucht man jedoch die Bearbeitung solchen Herren zu übertragen, denen ihr Beruf dazu Zeit läßt. Ganz besonders hat sich der jetzige Kultus= minister Dr. Nokk um die historische Forschung in Baden verdient gemacht; ihm gebührt der Dank und die Anerkennung aller deutschen Historiker.

Eine zweite Publikation in Baden ist die des Fürsten von Fürsten= berg, der seit Jahren für die Geschichte seines Hauses viel gethan hat. Nach Abschluß des siebenbändigen Urkundenbuches beginnt nun= mehr eine neue Veröffentlichung, die Mitteilungen aus dem Fürsten= bergischen Archiv, welche die Geschichte der neueren Zeit behandeln sollen und deren 1. Band gegenwärtig im Druck ist.

Dr. Hansen, Archivar der Stadt Köln, berichtet über die „Gesellschaft für rheinische Geschichtskunde". Diese ist 1881 ge= gründet. Aus ihrem Arbeitsgebiet ist alles ausgeschieden, was in das der bereits bestehenden Vereine einschlug. Die Vereine (Ver. f. Altertumsfreunde im Rheinland, der hist. Ver. f. den Niederrhein, der Bergische Geschichtsverein, die Gesellschaft für nützliche Forschungen in Trier) hatten schon viel Stoff und viele Einzeluntersuchungen veröffentlicht; die Gesellschaft für rheinische Geschichtskunde setzte sich die Aufgabe, die Quellen der rheinischen Geschichte heraus= zugeben, die noch nicht oder ungenügend veröffentlicht waren. Be= rücksichtigt werden sollte nur die heutige Rheinprovinz. Die Gesell= schaft erhält sich finanziell selbst, wenn auch die Provinzialstände namhafte Unterstützungen geben. Die Gesellschaft setzt sich zusammen aus Stiftern, die eine einmalige Summe von mindestens 1000 Mk. zahlen, und Patronen, die sich verpflichten, wenigstens auf 3 Jahre je 100 Mk. zu zahlen. Zu ihnen treten dann die eigentlichen Mit= glieder, welche aus den Kreisen ausgewählt werden, von denen eine wissenschaftliche Förderung der Ziele der Gesellschaft erwartet werden kann. Gegenwärtig hat die Gesellschaft 3 Stifter und ca. 100 Patrone, worunter mehrere Städte, Kreise u. s. w. Am meisten verdankt die Gesellschaft in Bezug auf ihre finanzielle Fundierung dem Geh. Kommerzienrat Dr. v. Mevissen, der die Zwecke der Gesellschaft außerordentlich fördert. Der Vorstand besteht aus Ver= tretern der Universität Bonn, der Archive zu Köln, Koblenz und Düsseldorf. Die Arbeit sollte sich ursprünglich nur auf die Publika= tionen von Quellen (Urkunden, Chroniken, Rechtsquellen, Antiqui= täten) erstrecken, und die bisherigen Publikationen der Gesellschaft sind aus diesen Gebieten entnommen, doch beabsichtigt man gegen= wärtig auch Untersuchungen und Darstellungen aus dem Gebiet der rheinischen Geschichte, nachdem Geh. Rat v. Mevissen ein Kapital für Preisaufgaben zur Verfügung gestellt hat.

Prof. Dr. Markgraf, Archivar und Bibliothekar der Stadt Breslau, berichtet über den Verein für Geschichte und Altertum

Schlesiens. Die Anfänge wissenschaftlicher Behandlung der Landes=
geschichte Schlesiens knüpfen sich an den Namen Gust. Ad. Harald
Stenzel. Dieser war ein Mann von so eminentem Talente, die
gewaltigen Massen des Wissens zu übersehen, zu ordnen und zu
beherrschen, daß er bei eingehendster Vertiefung in die Erforschung
der schlesischen Geschichte nie im Einzelnen sich verlor, sondern von
Anfang an auf das Große ausging. Sein erstes Werk in Bezug
auf die schlesische Geschichte ist die Entwicklung von Schlesiens
deutscher Kolonisation. Ihr war seine 1. Urkundensammlung (1832)
gewidmet. Mit Unterstützung geistlicher Kreise gab er die Urkunden
zur Geschichte des Breslauer Bistums im Mittelalter und später
das Heinrichauer Gründungsbuch heraus. Auf Subskription er=
schienen die ersten Bände seiner Scriptores rerum Silesiacarum.
Zunächst um deren Fortsetzung sicher zu stellen, rief er 1846
den Verein für Geschichte und Altertum Schlesiens ins Leben.
In diesem Vereine haben er und seine Amtsnachfolger am Archive,
W. Wattenbach und C. Grünhagen, hauptsächlich die Leitung ge=
habt. Das Verdienst, durch Abhaltung regelmäßiger Sitzungen mit
Vorträgen und durch Gründung einer Zeitschrift weitere Kreise zur
Mitarbeiterschaft herangezogen zu haben, gebührt Rich. Röpell, der
nach Stenzels Tode 1854 die Leitung in die Hand nahm.

Der Verein war, wie die meisten ähnlichen in Deutschland,
für Geschichte und Altertum Schlesiens bestimmt, doch nahm ihm
bald der Verein für das Museum schlesischer Altertümer die Pflege
für die Altertümer ab. Durch diese Beschränkung auf rein histo=
rische Aufgaben gewann er ebensosehr an innerer Festigkeit und
Wissenschaftlichkeit, wie er durch Verzicht auf Sammlungen in die
Lage versetzt wurde, eine größere Publikationsthätigkeit zu entfalten.
Dazu kam, daß ihm im Lande selbst nicht durch anspruchsvollere
Lokalvereine geistige und pekuniäre Kräfte entzogen wurden. Nur
die erst 1742 mit Schlesien vereinte Grafschaft Glatz geht auch in
den landesgeschichtlichen Bestrebungen ihre eignen Wege. Die erst
1815 schlesisch gewordenen Teile der Oberlausitz haben in Görlitz
ihre besonderen Organe. Dafür pflegt der Verein wieder auch die
Geschichte der 1742 bei Österreich verbliebenen Teile Schlesiens
(Teschen, Troppau, Jägerndorf.)

Trotz der Größe des Vereinsgebietes ist die Zahl der Mit=
glieder von 386 (i. J. 1846) bisher nur auf wenig über 600 ge=
stiegen. Die Mitgliedsbeiträge betragen gleichmäßig jährlich 6 Mk.,
der Zuschuß des Provinziallandtags 1350, der der Stadt Breslau
300 Mk.; auch einige andere Städte zahlen Beiträge von 15—30
Mk. Gelegentliche Beihülfen vornehmer Gönner, auch einiger Städte,
zur Herausgabe bestimmter Publikationen seien mit Dank erwähnt.

Stenzel wurde noch in die Lage versetzt, bis 1854 drei weitere
Bände Scriptores herauszugeben; von 1871 ab sind deren noch 9
gefolgt, hauptsächlich zur Geschichte des 15. Jahrhunderts, darunter
4 Bde. politischer Korrespondenz der Stadt Breslau. Die von

Stenzel geplante Urkundensammlung zur Geschichte der weltlichen Territorien des Landes nahm die preußische Archivverwaltung dem Vereine ab; in deren Publikationen Bd. 7 und 16 erschienen die „Lehns- und Besitzurkunden Schlesiens und seiner einzelnen Fürstentümer im Mittelalter". Dagegen führte der Verein einen anderen Plan Stenzels aus in der Herausgabe der schlesischen Regesten bis 1300 in 3 Bdn. (Cod. dipl. Sil. VII. 1—3), ein vierter (Cod. dipl. XVI) hat jetzt das 14. Jahrhundert begonnen. Die Regesten umfassen nicht nur alle urkundlichen, sondern auch alle chronikalischen Nachrichten der betreffenden Zeiträume. Die anderen Bände des Codex dipl. Silesiae I—XVI enthalten Urkundensammlungen mannigfachen Inhalts über das Bistum, einzelne Klöster, einzelne Orte, städtische und ländliche Verhältnisse, Münzwesen, Gewerberecht u. dgl., je nachdem sich die Gegenstände und die Bearbeiter dazu fanden. Auch die Veröffentlichung der Landtagsverhandlungen ist in Angriff genommen. Sie setzen beim Jahre 1618 ein; von ihnen sind bisher 6 Bde. erschienen. Daneben ist 1855 eine Zeitschrift begonnen worden, von der 1894 der 28. Bd. erschienen ist. — In der Grafschaft Glatz haben einige thätige Gelehrte (in erster Reihe F. Volkmer) mit Unterstützung der Kreisbehörden und einzelner Gönner von 1882 ab 10 Bde. „Vierteljahrsschrift für Geschichte und Heimatskunde" und 5 Bde. „Geschichtsquellen" herausgegeben.

Über die Entwicklung und den Stand der landesgeschichtlichen Forschung im Nordosten und zwar insbesondere in den Provinzen Ost- und Westpreußen berichtet Prof. Dr. Prutz, Königsberg.

Der Verein für Geschichte der Provinzen Ost- und Westpreußen ist 1873 durch W. Maurenbrecher gegründet mit der Bestimmung, „den Forschungen über die Geschichte der Provinz Preußen einen Vereinigungs- und Mittelpunkt zu gewähren". Er sollte die bisher noch gar nicht oder nur mangelhaft veröffentlichten Quellen zur preußischen Provinzialgeschichte sammeln und veröffentlichen, eine wissenschaftliche Zeitschrift herausgeben und öffentliche Versammlungen halten. Von der Herausgabe einer Zeitschrift wurde jedoch abgesehen, teils um bereits bestehenden Unternehmungen (Altpreuß. Monatsschrift, Zeitschr. d. Ver. f. Gesch. Ermelands) nicht unnötige Konkurrenz zu machen, teils um das bei der Verpflichtung periodischer Publikationen zu fürchtende Überwuchern des Dilettantismus zu vermeiden. Der Schwerpunkt des Vereins liegt daher in den Quellenpublikationen.

Staatliche Unterstützung genießt der Verein nicht, wohl aber erhält er von den Provinzialverbänden Ost- und Westpreußens eine Beisteuer von 400 resp. 300 Mk., ebenso Unterstützungen von den Städten Königsberg, Danzig, Elbing. Von den kleineren Städten beider Provinzen gehören 17 mit einem Jahresbeitrage von 15 Mk. dem Vereine als korporative Mitglieder an, ebenso 17 Kreise. Die

Zahl der Mitglieder (jährlicher Beitrag 6 Mk.) beträgt in beiden Provinzen ca. 150, im übrigen Deutschland ca. 25. Demnach ist bei einem Jahresbudget von ca. 3200 Mk. große Sparsamkeit geboten. Immerhin hat der Verein während der ersten 20 Jahre seines Bestehens über 65 000 Mk. vereinnahmt und davon über 45 000 auf wissenschaftliche Publikationen verwendet. Was diese betrifft, so hat es der Verein mit einem räumlich und sachlich streng abgeschlossenen Arbeitsgebiete zu thun. Die Gefahr einer Konkurrenz mit dem 1879 entstandenen Westpreußischen Geschichtsvereine in Danzig wurde durch einen im Sommer 1880 vereinbarten Vertrag abgewandt, der die Thätigkeit der Vereine auf lange Jahre hinaus abgrenzt und eine gegenseitige Ergänzung sichert. So hat der Verein für die Geschichte Ost- und Westpreußens im Anschluß an die SS. rer. prussic. bisher 5 Bde. preußischer Geschichtsschreiber des 16. und 17. Jahrhunderts (ed. M. Toeppen) veröffentlicht, ferner 5 Bde. Akten der preußischen Ständetage bis 1525 (ed. M. Toeppen) und den Anfang eines Samländischen Urkundenbuchs (ed. Mendthal). Dem Gebiete der Wirtschaftsgeschichte gehören von den Publikationen an: Handelsrechnungen des deutschen Ordens (ed. Sattler 1887), das Hausbuch des Kaspar von Nostitz (ed. Lohmeyer 1893) und die demnächst zur Ausgabe gelangenden Reiserechnungen Heinrichs von Derby über seine Preußenfahrten 1390—91 und 1392 (ed. Prutz). Ferner veranlaßte der Verein die Herausgabe der Geometria Culmensis, eines agronomischen Traktates aus der Zeit des Hochmeisters Conrad v. Jungingen (ed. Mendthal 1885) und bereitet vor die Ausgabe des Briefwechsels der großen Königsberger Philologen unseres Jahrhunderts. Ergänzt wird seine Thätigkeit einerseits durch den Westpreußischen Geschichtsverein, welcher eine Zeitschrift herausgiebt und ein Pommerellisches und Kulmisches Urkundenbuch veröffentlicht, sowie die Publikation der Akten der preußischen Ständetage polnischen Anteils seit 1466 in Angriff genommen hat. Landschaftlich enger begrenzt und zugleich einigermaßen von katholisch-konfessionellen Interessen beeinflußt ist die Thätigkeit des „Vereins für die Geschichte des Ermelands", dessen Hauptstützen die Frauenburger Domherren und die Braunsberger Professoren sind; er blickt auf eine langjährige verdienstvolle Thätigkeit zurück, von der das Ermeländische Urkundenbuch, die Sammlung der Ermeländischen Geschichtsschreiber und die Vereinszeitschrift rühmliches Zeugnis ablegen. Übrigens darf nicht unerwähnt bleiben, daß alle diese Vereine insofern dauernd mit Schwierigkeiten zu kämpfen haben, als einmal die geographische und historische Isolierung der Gebiete, denen ihre Thätigkeit gilt, den fördernden Anteil selbst nahe benachbarter Gebiete so gut wie ausschließt, dann aber die notorische Beschränktheit der Mittel auch bei den besser situierten Klassen eine wirksame finanzielle Beihülfe aus weiteren Kreisen unmöglich macht.

Über die „Historische Kommission der Provinz Sachsen" berichtet Archivrat Dr. Jacobs-Wernigerode.

Die Hist. Kommission der Provinz Sachsen ist die älteste ihrer Art. Sie ist 1876 ins Leben gerufen durch Oberbürgermeister Dr. G. Brecht in Quedlinburg, Mitglied des Provinziallandtages, der im Verein mit Pastor F. Winter in Altenweddingen den Plan zu diesem Unternehmen ausarbeitete. Als ein mit der Provinzialvertretung organisch verbundenes Institut besteht die Kommission: 1. aus einem abgeordneten Mitgliede des Provinzialausschusses; 2. aus dem kgl. Staatsarchivar der Provinz; 3. aus einem Professor der Provinzialuniversität Halle. Dazu kommen dann: a. je ein Vertreter derjenigen Geschichtsvereine innerhalb der Provinz, die eine eigne wissenschaftliche Zeitschrift regelmäßig erscheinen lassen und sich verpflichten, je ein Exemplar dem Provinzalausschusse einzureichen; b. sieben auf je 5 Jahre zu erwählende Männer der Wissenschaft, um welche die Kommission sich durch eigene Wahl zu erweitern befugt ist. Nach verschiedenen Richtungen hin arbeitet die Kommission; ihrer Thätigkeit fällt anheim:

A. Die Herausgabe von Geschichtsquellen jeder Art (Chroniken, Rechtsdenkmäler, Kirchenvisitationen, Urkundenbücher, Matrikeln). Auch wurde ein Wegweiser: „Die Geschichtsquellen der Provinz bis 1555" gearbeitet. Erschienen sind bis jetzt 33 Bde. Zweimal wurden Gelehrte in das Vatikanische Archiv nach Rom gesandt, deren Arbeiten in 2 Bdn. vorliegen.

B. Darstellende Veröffentlichungen in den „Neujahrsblättern", von denen bis jetzt 18 erschienen sind.

C. Baudenkmälerbeschreibung nach Land- und Stadtkreisen; bisher sind 49 Kreise erledigt, andere in Angriff genommen.

D. Vorgeschichtliche Altertümer. Über die von der Kommission unternommenen und geförderten Ausgrabungen liegen z. Z. 11 Hefte (gr. Fol.) vor.

E. Begründung eines unter einem wissenschaftlichen Direktor stehenden Provinzialmuseums in Halle a. S.

F. Herstellung eines Geschichtsatlasses der Provinz. Zu diesem Behuf werden die Flurkarten des gesamten Gebiets bearbeitet, was schon bei einer großen Anzahl von Kreisen durchgeführt ist. Daneben werden Wüstungsverzeichnisse gesammelt.

G. Die Denkmalspflege innerhalb der Provinz. Zu diesem Zwecke ist eine besondere Provinzialkommission gebildet.

Den Zwecken der Kommission sollen auch die in den verschiedensten Teilen ernannten Pfleger dienen. Der Provinzialausschuß und das Provinzialmuseum haben ihre eignen Büchersammlungen.

Zu dieser Thätigkeit giebt die Provinz reiche Mittel. Die Kommission hat sich mit den spontanen Bildungen der Provinz in Verbindung gesetzt, infolgedessen die Vereine und besonders die bei der Herausgabe von Quellenwerken beteiligten Städte und Landschaften gerne Zuschüsse gewähren. Die Provinz, deren Land-

tag gleich im Jahre 1876 für die Kosten der Kommission und die Herausgabe der Geschichtsquellen 5000 Mk. bewilligte, erhöhte diese Zuschüsse in der Folge fast um das dreifache. Nach dem Haushaltungsvoranschlag 1892/93 betragen die Einnahmen der Kommission 23 580 Mk. 84 Pf., wovon auf die Zuschüsse des Provinziallandtags kommen:
  a. 5000 Mk. für die Kosten der historischen Kommission und die Herausgabe der Geschichtsquellen,
  b. 5000 Mk. für das Provinzialmuseum,
  c. 4500 Mk. für die übrigen Ausgaben der Kommission.

Gerade der Typus der Provinz, daß den einzelnen Vereinen ihre Freiheit vollständig gelassen wird, und besonders auch der Umstand, daß die von der Provinz Sachsen umklammerten oder eingeschlossenen Gebiete und Gebietsteile von vornherein in den Bereich der Thätigkeit der Kommission Aufnahme gefunden haben und bei den Ausgrabungen ebenso wie bei den Geschichtsquellen die angrenzenden Gebiete mit in den Plan der Kommission eingeschlossen worden sind, geben ein Beispiel, das für das ganze Reich typisch werden könnte. — —

Unter die Versammlung ist ein gedruckter Antrag von Prof. Lamprecht verteilt, den die Referenten als ihren gemeinsamen Antrag aufgenommen haben.

Prof. Arndt-Leipzig übernimmt den Vorsitz.

Prof. Lamprecht-Leipzig spricht zu diesem Antrage. Er lautet:

„Die Versammlung erklärt es als dringend erwünscht, daß im Zusammenhang mit den künftigen Historikertagen Konferenzen von Vertretern der landesgeschichtlichen Publikationsinstitute zur Beratung gemeinsamer Angelegenheiten stattfinden".

Eine solche Versammlung von Vertretern der einzelnen Landesinstitute würde zweifellos große Bedeutung haben; nur frage es sich, inwieweit man das in einem Beschlusse jetzt schon im einzelnen aussprechen solle. In dem Antrage ist auf Specielles nicht eingegangen, das muß einer erstmaligen Zusammenkunft der Vertreter selbst überlassen werden. Thatsächlich sind gemeinsame Interessen der Publikationsinstitute im höchsten Grade vorhanden. Schon ein Meinungsaustausch über äußere Organisationsfragen wäre von großer Bedeutung. Ferner die Frage der finanziellen Behandlung von einzelnen angestellten jungen Gelehrten und andern Mitarbeitern, die in einem freieren Verhältnis stehen; die Frage des Verlags der Publikationen u. s. w. Es giebt auch eine große Reihe von allgemeinen Zielen, durch deren gemeinsames Erstreben wiederholte Arbeit erspart werden kann; z. B. die landesgeschichtliche Durchforschung der Bestände des vatikanischen Archivs. Es giebt ferner eine Fülle von Stoffen, die nur in gemeinsamer Vereinbarung verarbeitet und herausgegeben werden können (z. B. die Weistümer). Was bei solch organischer Arbeit herauskommt, sieht man an den österreichischen Weistümern. Eine ganze Reihe von Aufgaben bedarf weiter überhaupt noch der Klärung. So sind unsere Urkundenbücher entweder solche bestimmter Institute, wie Klöster, Bistümer u. dergl., oder sie sind territorial angeordnet. Hier stehen zwei Grundsätze nebeneinander, die sich gegenseitig im Grunde ausschließen. Nur in gemeinsamer Diskussion können diese und verwandte Fragen fruchtbringend erledigt werden. Das kann am besten bei einer Zusammenkunft von Vertretern der Publikationsinstitute geschehen; dadurch allein kommt man weiter. Im einzelnen darüber zu beschließen, liegt außerhalb der Kompetenz der Versammlung. Es soll nur durch Annahme jenes Antrags ein Keim gelegt werden, der der Anfang zu fruchtbarer Weiterentwicklung sein kann.

Archivrat Döbner-Berlin teilt mit, daß im Herzogtum Braunschweig demnächst ein Institut für landesgeschichtliche Publikationen ins Leben treten werde. Hier hat bereits Ludwig Hänselmann bedeutende Quellen veröffentlicht. Schon wiederholt ist der Wunsch geäußert worden, das Urkundenbuch von Braunschweig möge fortgeführt und beendet werden. Hierzu haben jetzt die städtischen Kollegien von Braunschweig die Mittel gewährt. Ebenso besteht im herzogl. Landeshauptarchiv seit längerer Zeit der Plan, die Quellen des Herzogtums in einem großen Urkundenwerke zu veröffentlichen. Hoffentlich werden diese Pläne nicht vertagt und nehmen bald praktische Gestalt an.

Geh. Archivrat Prof. Grünhagen-Breslau meint, daß eigentlich über die landesgeschichtlichen Publikationen noch gar nicht gesprochen worden sei, sondern allgemein von landesgeschichtlicher Thätigkeit. Über jene zu sprechen, gehöre künftigen Historikertagen an. Im Hinblick hierauf schlägt er vor, für den Ausdruck des Antrags „Publikationsinstitute" zu setzen „Vereine bezw. Ausschüsse".

Archivrat Ermisch-Dresden spricht für die ursprüngliche Form des Antrags, verlangt aber eine Interpretation des Wortes „Publikationsinstitut". Zunächst sei ein Typus der Publikationen ganz übergangen worden. Auch Regierungen und Städte publizieren unmittelbar; diese Form der Publikationen dürfe nicht fehlen, und zu einer zukünftigen Konferenz müsse wenigstens die preußische Regierung zu einer Vertretung mit aufgefordert werden. Er erinnere daran, daß das württembergische Urkundenbuch, der Cod. dipl. Saxoniae u. a. von der Staatsregierung herausgegeben werden. Er beantragt daher, die ursprüngliche Form des Antrags zu behalten, Publikationsinstitute aber in weitester Bedeutung zu fassen: es seien die Regierungen, die Redaktionen größerer Urkundenwerke, die Lokalvereine, soweit sie größere Publikationen auf ihrem Programm haben, u. dergl. mit hereinzuziehen.

Prof. Arndt-Leipzig bittet, die Anträge Grünhagen und Ermisch abzulehnen und die ursprüngliche Form beizubehalten, die in der vorbereitenden Sitzung der Referenten nach reiflicher Erwägung festgestellt sei.

Prof. Lamprecht-Leipzig findet den Ausdruck „Publikationsinstitute" nicht schön; aber er scheine immer noch der beste. Wie der Antrag dann auszuführen sei, das sei Sache der Kommission, bezw. des Ausschusses, der für die Vorbereitung des künftigen Historikertages zu wählen sei. Diese habe auch die Vereine aufzuzeichnen, an die eine Einladung ergehen soll.

Prof. Quidde-München berichtet, wie er als Herausgeber seiner Zeitschrift die Berichte der Provinzialvereine und -institute verfolgt habe. Die Akten der Verwaltung und Verfassung seien immer mehr in den Vordergrund getreten. Wo das nicht der Fall war, ist man hinter den Anforderungen der Forschung zurückgeblieben. Man betritt aber das neue Gebiet noch mit Unsicherheit, weil die Menge des Materials, das in allzureicher Fülle vorhanden ist, noch nicht zu übersehen ist. Hier müsse einmal innegehalten werden. Ferner müssen mehr Fachmänner statt der Dilettanten herangezogen werden. Die kleineren Vereine, die sich namentlich in den Händen von Dilettanten befinden, sollten an die größeren wissenschaftlichen angekettet werden. Auf der andern Seite müssen die Vereine, die von Dilettanten geleitet werden, in wissenschaftliches Fahrwasser gebracht werden. Die Eitelkeit ihrer Mitglieder muß ein wenig benutzt werden. Ein reicher Mann ist eher mit 100 Mark als mit einem gewöhnlichen Mitgliedsbeitrage von 6 Mark heranzuziehen. Das muß in ganz Deutschland beachtet werden. Am besten ist es, wenn eine Verbindung der Universitäten und Archive mit den kleineren Vereinen angestrebt wird, damit diesen von jenen wissenschaftlicher Geist zuströme. So hat man es besonders in Württemberg gemacht, wo die historische Kommission Verbindung mit den Vereinen hält. In Bayern dagegen blicken die Universitätslehrer verachtend auf den Dilettantismus, ohne selbst etwas zu thun. Das sollte nicht sein. — Die dritte Aufgabe wäre dann die Vereinigung aller lebenskräftigen Publikationsinstitute von ganz Deutschland. Wie wichtig dieses sei, zeigten die Arbeiten in Rom. In Bezug hierauf habe seiner Zeit der Redner versucht, einen Vertrag zwischen den Vertretern der verschiedenen Länder zu schaffen; allein sein Unternehmen sei gescheitert an der außerordentlichen Noblesse der Berliner, welche den Mitgliedern die Annahme von Vergütung nicht zumuten wollten. Eine solche Vereinigung zu gemeinsamer Arbeit wolle die These schaffen, und deshalb sei die Annahme derselben warm zu empfehlen.

Nachdem Geh. Archivrat Grünhagen-Breslau nochmals seinen Änderungsvorschlag verteidigt hat, ohne jedoch auf einem diesbezüglichen Antrag zu bestehen, erfolgt über den Antrag in seiner ursprünglichen Fassung die Abstimmung. Dieselbe wird einstimmig angenommen.

Schluß der Sitzung ³⁄₄ 1 Uhr nachm.

4. Sitzung.

Freitag, den 30. März 3 Uhr nachmittags.

Oberregierungsrat Dr. von Seidlitz-Dresden spricht „Über die spätgotische Kunst im Königreich Sachsen". Dieser Vortrag ist im wesentlichen abgedruckt in der Wissenschaftlichen Beilage der Leipziger Zeitung vom 31. März 1894 (Nr. 39).

Unter dem Vorsitze des Prof. Arndt-Leipzig tritt man ein in die Beratung des Antrags v. Zwiedineck-Südenhorst (Graz) über die künftige Organisation des Historikertages. Der Antrag ist unter die Mitglieder verteilt, er lautet:

„I. Die zweite Versammlung deutscher Historiker (in Leipzig 1894) bestellt durch Wahl einen geschäftsführenden Ausschuß von zehn Mitgliedern, der die Aufgabe erhält:
1. Die Beschlüsse der Versammlung mit einer Darstellung des Verlaufes der Debatten in geeigneter Weise zu veröffentlichen;
2. Ort und Zeit der nächsten Versammlung, jedoch mit Berücksichtigung der in der Versammlung selbst gegebenen Anregungen, zu bestimmen und die Bildung eines Lokalkomitees am gewählten Versammlungsorte zu veranlassen;
3. das Programm des demnächstigen Historikertages zu beraten und festzusetzen;
4. einen Fonds aus Beiträgen der Fachgenossen und Teilnehmer zu schaffen, aus welchem die Kosten künftiger Versammlungen oder andere Ausgaben, die der Historikertag veranlaßt, gedeckt werden können.

II. Der Sitz und die Leitung des geschäftsführenden Ausschusses, von dessen Mitgliedern die Hälfte für diesmal in Leipzig wohnhaft sein muß, befindet sich bis zur Eröffnung der nächsten Versammlung in Leipzig. Seine Konstituierung findet sofort nach der Wahl statt. Der Verkehr zwischen der Leitung und den auswärtigen Mitgliedern des Ausschusses wird in der Regel schriftlich geführt; doch wird von den letzteren erwartet, daß sie in bringenden Fällen, jedenfalls aber einmal im Jahre, einer allgemeinen Versammlung des Ausschusses anwohnen. Das Mandat des Ausschusses erlischt mit der Eröffnung der nächsten Versammlung, die — sofern kein Gegenantrag beschlossen wird — einen neuen geschäftsführenden Ausschuß einzusetzen hat".

Hierzu spricht zunächst der Antragsteller. Die Sorge um die Zukunft des Historikertages habe ihn veranlaßt, diesen Antrag zu stellen. Als man im Begriff war, den ersten Historikertag nach München zu berufen, habe man allgemein angenommen, es handle sich zunächst um einen Versuch. Der zweite Historikertag hat sich befriedigend entfaltet; aber die Vereinigung darf in Zukunft nicht mehr dem Zufall ausgesetzt werden. Das könnte aber eintreten, wenn heute oder morgen eine Stadt für die nächste Zusammenkunft bestimmt werde, in der gar kein Lokalkomitee möglich wäre. Dem muß entgegengesteuert werden. Der Historikertag muß weiter gedeihen im Sinne der Beratungen und der Meinungen, die hier gepflogen und im vertraulichen Gespräche entwickelt worden sind. Es muß ein Programm aufgestellt werden, das den Wünschen der Versammlung entspricht. Solche Erwägungen geben Veranlassung zur Aufstellung einiger Punkte, die dem Historikertage eine feste Organisation geben.

Zu I Punkt 4 bemerkt der Redner, daß sich der Historikertag auf eigene Füße stellen müsse, so dankbar auch die Unterstützung angenommen worden sei, die man in Leipzig geboten habe. Dies lasse sich am besten durch geringe Beiträge erzielen, durch die die Kosten künftiger Tage bestritten werden.

Prof. Heigel=München befürwortet den Antrag. Im Namen einer größeren Anzahl von Fachgenossen schlägt er vor, in den ersten geschäftsführenden Ausschuß zu wählen:

aus Leipzig: Prof. Lamprecht, Prof. Arndt, Dr. Baldamus, Prof. Marcks, Geh. Hofr. Prof. Wachsmuth;

von den Auswärtigen: Archivdirektor v. Weech=Karlsruhe, Prof. Stieve=München, Prof. Prutz=Königsberg, Archivar Dr. Hansen= Köln und Prof. v. Zwiedineck=Graz.

Obgleich Redner warm für den Antrag eintritt, kann er doch zu I. 2 Bedenken nicht unterdrücken. Das Recht des Ausschusses, Ort und Zeit der nächsten Versammlung zu bestimmen, scheint ihm zu weit zu gehen. Der Ausschuß darf nur die Vollmacht haben, einen Vorschlag zu bringen. Für diesmal müsse man sich über Zeit und Ort vor dem Auseinandergehen der Versammlung einigen. Was den Ort betrifft, so dürfe die Hauptstadt des Reiches, Berlin, nicht länger umgangen werden, wenn auch die Herren von Berlin der Idee des Historikertages gegenüber sich ablehnend verhalten hätten. Der Redner schlägt deshalb Berlin als nächsten Versammlungsort vor.

Prof. Arndt=Leipzig teilt zur Klärung der späteren Debatte mit, daß das Leipziger Komitee imstande sei, von den erhobenen Beiträgen dem nächsten Historikertage voraussichtlich 300 Mk. zur Verfügung zu stellen, womit die ersten Kosten bestritten werden dürften.

Prof. Bachmann=Prag spricht ebenfalls für Berlin. Vor allem, meint er, müsse man sich zunächst über die Zeit einigen, wegen des Ortes und alles weiteren sei es gut, Spielraum zu lassen. Auch möchte er, daß Punkt I. 3 eine andere Fassung erhalte.

Prof. Stieve=München spricht warm dafür, daß der Antrag in der Fassung v. Zwiedinecks angenommen werde. Die Be= denken, die man dagegen geäußert, könne er nicht teilen, da doch in dem Entwurfe dem Ausschusse die größte Freiheit gelassen sei. Es ist ihm überwiesen, das Programm festzustellen. Was Punkt I. 2 betrifft, so wird der Ausschuß sich wohl nie über die Meinungsäußerungen der vorhergegangenen Versammlung hinwegsetzen. Trotzdem ist es richtig, dem Ausschusse die Vollmacht zu geben, von dem Beschlusse einer Versammlung abzuweichen, da Umstände eintreten können, die eine Stadt als Versammlungsort unmöglich machen. So weit nicht dringende Gründe vorliegen, wird der Ausschuß wohl immer den in der Versammlung vorgeschlagenen Ort wählen.

Ferner macht Redner noch auf eins aufmerksam. Es sind in diesen Tagen Fragen von großer Wichtigkeit erörtert worden. Nun muß aber die Möglichkeit geboten werden, über diese Fragen und Anträge sich vorher zu unterrichten. Dies kann aber nur dann geschehen, wenn die Thesen vorher den Teilnehmern gedruckt zukommen. Auch im Hinblick hierauf ist ein ständiger Ausschuß Bedürfnis: er läßt die Thesen drucken und versendet sie rechtzeitig. Schon von diesem Gesichtspunkte aus ist der Antrag v. Zwiedinecks aufs wärmste zu empfehlen.

Prof. Bachmann-Prag hält an seinen Bedenken über die Fassung von Punkt I. 3 fest und beantragt den folgenden Wortlaut: „Der Ausschuß erhält die Aufgabe, „das Programm des demnächstigen Historikertages im Einvernehmen mit dem Lokalkomitee zu beraten und festzusetzen".

Dr. Liesegang-Berlin schlägt als auswärtige Mitglieder des Ausschusses an Stelle der Liste Heigel vor: Prof. Schmoller-Berlin, Prof. v. Zwiedineck-Graz, Prof. Stieve-München, Archivdirektor v. Weech-Karlsruhe, Gymnasialdirektor Jäger-Köln.

Prof. Arndt-Leipzig bittet in den Antrag aufzunehmen, daß der Ausschuß von 10 Mitgliedern, abgesehen vom Lokalkomitee, erforderlichen Falls sich durch eigene Wahl auf 12 ergänzen darf.

Prof. v. Zwiedineck-Graz erhält als Antragsteller das Schlußwort. Es handele sich besonders um zwei Punkte: 1. darum, ob die Versammlung selbst den Ort bestimmen soll, den dann der Ausschuß unter allen Umständen festhalten muß, oder 2. ob das Bestimmungsrecht in letzter Linie dem Ausschuß vorbehalten bleibt. Redner spricht sich für das letztere aus, da es wohl denkbar sei, daß eine Einigung in einer so großen Versammlung in so kurzer Zeit unmöglich sei, oder daß Herren, die schon für einen bestimmten Ort zugesagt haben, später über ihre Zusage Reue empfinden. Mit dem Zusatze Bachmanns sei er vollständig einverstanden, ebenso damit, daß das Recht der Zuwahl dem Ausschuß vorbehalten bleibe; er schlägt deshalb vor in I. zu setzen: . . . Ausschuß von 10 Mitgliedern „mit dem Recht der Ergänzung durch Selbstwahl auf 12".

Schluß der Debatte. Es erfolgt die Abstimmung.

I. wird in der Fassung: „Die zweite Versammlung deutscher Historiker (in Leipzig 1894) bestellt durch Wahl einen geschäftsführenden Ausschuß von 10 Mitgliedern mit dem Recht der Ergänzung durch Selbstwahl auf 12, der die Aufgabe erhält" — einstimmig angenommen; ebenso: 1, 2 (mit großer Majorität), 3 in der Fassung: „Das Programm des demnächstigen Historikertages im Einvernehmen mit dem Lokalkomitee zu beraten und festzustellen", 4 und II. (einstimmig).

Es kommt zur Abstimmung über Bildung des Ausschusses:

a. die Wahl der Leipziger Mitglieder erfolgt einstimmig,

b. von den auswärtigen vorgeschlagenen Herren bitten Archivar Dr. Hansen=Köln und Dir. Dr. Jäger=Köln, man möge von ihrer Wahl absehen.

Prof. Heigel=München beantragt infolgedessen auf die von ihm zuerst aufgestellte Liste anstatt Dr. Hansen Prof. Schmoller zu setzen; der Antrag wird einstimmig angenommen.

Es sind demnach in den 1. geschäftsführenden Ausschuß gewählt:

aus Leipzig: Prof. Dr. Arndt, Dr. Baldamus, Prof. Dr. Lamprecht, Prof. Dr. Marcks, Geh. Hofr. Prof. Dr. Wachsmuth;

von den Auswärtigen: Prof. Dr. Prutz=Königsberg, Prof. Dr. Schmoller=Berlin, Prof. Dr. Stieve=München, Generallandesarchivdirektor Dr. v. Weech=Karlsruhe, Prof. Dr. v. Zwiedineck=Graz.

Schluß der Sitzung 6 Uhr.

5. Sitzung.

Sonnabend, d. 31. März, 9 Uhr vorm.

Der Vorsitzende, Prof. Lamprecht, eröffnet die Sitzung mit einigen geschäftlichen Bemerkungen über den geplanten Sonntagsausflug nach Meißen.

Er teilt sodann mit, daß von den in der 4. Sitzung gewählten Ausschußmitgliedern für den nächsten Historikertag Prof. Schmoller=Berlin abgelehnt habe. Auf seinen Vorschlag wird an dessen Stelle Archivar Dr. Hansen=Köln gewählt.

Die Versammlung tritt sodann ein in die

Beratung über die Grundsätze, welche bei der Herausgabe von Aktenstücken zur neueren Geschichte zu befolgen sind.

Prof. Dr. Stieve=München ergreift das Wort zur Erläuterung und Begründung der von ihm aufgestellten Thesen. Es sind folgende:

„I. Nur die ihrem ganzen Wortlaute nach wichtigen Aktenstücke sind vollständig zu drucken; in der Regel sind Auszüge mitzuteilen; für minder wichtige Stoffe genügen Darstellungen, denen Aktenstücke als Beilagen, wichtigere Urkundenstellen und Nachweise als Anmerkungen und Nebenergebnisse der Aktenforschung als Anhänge beigefügt werden können.

II. Die Auszüge sollen nicht nur die in einem Aktenstücke behandelten Gegenstände bezeichnen, sondern dasselbe seinem ganzen Inhalte nach darzustellen suchen.

III. Eigenhändige Briefe und Tagebücher bedeutender Persönlichkeiten sind, falls ihr Inhalt bemerkenswert, im Wortlaute zu veröffentlichen.

IV. Der Herausgeber soll den gesamten auf seinen Gegenstand bezüglichen Stoff zu sammeln und auszubeuten trachten.

V. Er soll die gesamte einschlägige Litteratur heranzuziehen bemüht sein.

VI. Bei Auszügen von Briefen ist die direkte Redeweise der Vorlage (Wir teilen Dir mit u. s. w.) beizubehalten.

VII. Für die Schreibweise wortgetreu mitzuteilender deutscher Aktenstücke und -Stellen haben folgende Regeln zu gelten: a. Große Anfangsbuchstaben werden nur verwendet beim Beginn eines Satzes oder Eigennamens, bei den Siglen für Anrede und Titelformeln (E. D^t., J. H^t., aber J. fl. Gn.) und bei den in Briefen auf den angeredeten bezüglichen Fürwörtern (E. kgl. W. haben uns in Ihrem Schreiben). b. Die Siglen für Titel und Anrede werden in der Weise gebildet, daß von dem dazu gehörigen Fürwort der erste, vom Titel selbst der erste und letzte Buchstabe gesetzt werden (E. M^t.). Ausnahmen bilden E. W. für E. Würde und Würden und E. L. für E. Lieb und Liebden. Bei Titeln, welche den gleichen Anfangsbuchstaben besitzen, wird die Regel für den höchsten angewendet, für die anderen aber die zur Vermeidung von Verwechslungen nötige Zahl der ersten Buchstaben nebst dem letzten gebraucht (E. H^t. = Heiligkeit, E. Hoh^t. = Hoheit, E. Hrl^t. = Herrlichkeit). In fremden modernen Sprachen wird ebenso verfahren; wenn aber der letzte Buchstabe des Titels ein Vokal ist, wird auch der vorletzte zugezogen (V. M^{ta}, V. M^d, Y. M^{ty}, V. M^{té}). Im Lateinischen genügt für den Nominativ der Anfangsbuchstabe; in den andern Fällen wird die betreffende Kasusendung zugefügt (S. S. = Sua Sanctitas; S. S^{tis} = Suae Sanctitatis). Verwechslungen wird überall wie im Deutschen vorgebeugt (S. = Sanctitas, Ser. = Serenitas). Adjektiva wie unterthänig, gnädig, gnädigst, allergnädigster, illustrissimus, santissimo u. s. w. werden entsprechend den Titeln abgekürzt (utg., gn., gnst, agnster, ill^{mus}, s^{mo}), wenn man es nicht vorzieht, die nicht einen Titel ausdrückenden, bloße Kanzleiphrasen bildenden wie gnädigst ganz wegzulassen. c. Die Schreibweise der Vorlagen kann bei eigenhändigen Briefen hervorragender Persönlichkeiten beibehalten werden. Im übrigen wird sie nach folgenden Regeln vereinfacht: Es wird nichts zugesetzt und es wird an den Vokalen nichts geändert; dagegen wird jeder unserer Schreibweise nicht entsprechende Konsonant weggelassen, wenn er nicht die Aussprache beeinflußt: wo v oder w für u stehen, wird dieses gesetzt und umgekehrt; für y tritt außer in Eigennamen und Wörtern griechischen Ursprunges immer i ein: Eigennamen werden stets der Vorlage gemäß geschrieben, wenn nicht eine bestimmte Schreibweise zweifellos gesichert ist.

VIII. Aktenstücke aus fremden Sprachen sind abgesehen von der Verwendung großer Anfangsbuchstaben genau nach der Vorlage wiederzugeben.

IX. Aktenveröffentlichungen sind in lateinischen Lettern zu drucken. Für ß ist ss zu drucken.

X. Als Format der Veröffentlichungen ist Oktav zu wählen.

XI. Der Inhalt der Aktenstücke ist durch kurze Angaben an ihrem Kopfe oder durch gesperrten Druck bezeichnender Wörter in ihnen leicht ersichtlich zu machen. In der Mitte des oberen Randes jeder Seite ist die Jahreszahl, in dessen der Seitenzahl entgegengesetzter Ecke die Nummer, am äußeren Rande neben der ersten Zeile der Monat und Tag des mitgeteilten Aktenstückes anzugeben. Der Ausstellungsort gehört an den Schluß jedes Stückes, wo auch das Datum ausführlich zu geben ist.

XII. Anmerkungen sind nicht an den Schluß, sondern unter die betreffende Seite des Aktenstückes zu setzen.

XIII. Ein der Zeitfolge nach geordnetes Verzeichnis der mitgeteilten Aktenstücke der Sammlung beizugeben, erscheint überflüssig.

XIV. Unerläßlich ist ein alle in der Sammlung vorkommenden Namen und Gegenstände enthaltendes, in möglichst kleine Gruppen geteiltes, alphabetisches Register; ein solches ist bei mehrbändigen Sammlungen jedem Bande sofort bei der Veröffentlichung beizugeben".

Der Berichterstatter giebt hierzu noch einige Ergänzungen auf Anregungen anderer Herren.

Geh. Rat Grünhagen hat vorgeschlagen, daß

1. die Interpunktion in der heute üblichen Weise hinzuzufügen sei;
2. zweifellose Verschreibungen ignoriert werden sollen;
3. eigene Zusätze des Herausgebers durch [ ], ursprüngliche Parenthesen durch ( ) zu kennzeichnen sind;

Prof. Luschin von Ebengreuth (Graz), daß Auslassungen durch . . . ., Lücken durch — — — unterschieden werden;

Archivar Großmann-Berlin, daß der Verfasser eines Conceptes dann nicht zu nennen sei, wenn dies nur Wiedergabe eines Kollegialbeschlusses und von dem Kollegium selbst revidiert sei.

Prof. Stieve schließt seine Darlegungen mit dem Ausdrucke der Überzeugung, daß der Stoff durch seine Thesen nicht erschöpft sei. Der Ausschuß für den nächsten Historikertag möge beauftragt werden, weitere Gutachten über die Sache einzuziehen.

Der Vorsitzende schlägt vor, die Thesen jedem Mitgliede zuzusenden, damit dem Ausschußmitgliede Prof. Stieve dann die Ansichten für die Verhandlungen des nächsten Historikertages mitgeteilt werden könnten.

Prof. Luschin-Graz berührt die Frage der Siglen, von denen ein Repertorium anzufertigen sei.

Der Vorsitzende schlägt vor, auch dieses Repertorium mit zu versenden.

Prof. Stieve bittet um Übermittelung von Vorschlägen aus dem Kreise der Versammlung, auf Grund deren er seine Thesen zur geplanten Versendung neu drucken lassen werde.

Pause von 20 Minuten. Während derselben konstituiert sich der Ausschuß für den nächsten Historikertag und wählt Prof. Lamprecht zum Vorsitzenden, Prof. Marcks zu dessen Stellvertreter, Prof. Arndt zum Schriftführer.

Darauf: Antrag von Prof. Quidde-München.

Der Antragsteller bringt seine bereits in der ersten Sitzung vom 29. März vorgeschlagene Erklärung in folgender, etwas modifizierter Fassung ein:

„Die Versammlung hegt das Bedenken, daß bei einer nur dreijährigen Dauer des zweiten Kursus entweder die alte Geschichte oder die neuere Geschichte zu kurz kommen werde; sie ist der Meinung, daß es deshalb im Interesse des Geschichtsunterrichts liegt, keinen Einschnitt nach Untersekunda zu machen, und daß dieser Gesichtspunkt bei künftiger Neuordnung des Berechtigungswesens berücksichtigt werden sollte."

Diese Erklärung scheint ihm nötig zur Ergänzung der Thesen des ersten Tages. Wenn der geschichtliche Unterricht nur nach Rücksichten geordnet würde, die in der Sache selbst liegen, so würde niemand den Vorschlag machen, den ganzen Kursus in 3 Jahren durchzunehmen. Der Grund für diese Anordnung ist ein rein äußerlicher. Der vorgeschlagene Beschluß würde nicht nutzlos sein. Was in Preußen eingeführt ist, verbreitet sich über ganz Deutschland; daher muß ein Riegel vorgeschoben werden.

Dr. Baldamus-Leipzig schlägt vor, die These mit den Worten „zu kurz kommen" zu schließen und die zweite Hälfte auf sich beruhen zu lassen, da sie in zu verschiedene Gebiete eingreife.

Dr. Bühring-Arnstadt erklärt, daß er die zweite Hälfte des Antrags aus praktischen Gründen ablehnen müsse.

Prof. Prutz-Königsberg tritt für den ganzen Antrag ein, hält jedoch ebenfalls dafür, daß er in Fragen eingreife, die außerhalb der Kompetenz der Versammlung liegen. Er beantragt daher folgende Resolution: „Unter Anerkennung der Wichtigkeit der Quiddeschen Anregung geht die Versammlung über dieselbe zur Tagesordnung über, da es sich dabei auch noch um andere Fragen, als die des historischen Unterrichts handelt".

Nachdem sich Prof. Moldenhauer-Köln in ähnlichem Sinne geäußert hat, wird der Antrag Prutz gegen 33 Stimmen angenommen, wodurch der Antrag Quidde erledigt ist.

Dr. Horst Kohl-Chemnitz ist zum Fürsten Bismarck zu dessen Geburtstag abgereist. Für ihn macht Prof. Lamprecht-Leipzig nähere Mitteilungen über das von 1895 ab herauszugebende Bismarck-Jahrbuch, das im wesentlichen der bewährten Form des Goethe-Jahrbuchs entsprechen soll. Es soll demgemäß aufnehmen ungedruckte Briefe, Erlasse und Depeschen, die von Bismarck herrühren oder sich auf ihn beziehen; Abhandlungen und Aufsätze, welche die staatsmännische Thätigkeit Bismarcks beleuchten oder Beiträge zu seiner Lebensgeschichte enthalten, bibliographische Notizen zur Bismarck-Litteratur, Beiträge zur Bismarck-Ikonographie, chronikalische Mitteilungen über wichtige Ereignisse aus dem Leben Bismarcks und seiner Familie, Gedichte zu Ehren Bismarcks, sowie Spottgedichte, soweit sie historisches Interesse haben. Der Referent richtet an alle Teilnehmer der Versammlung die Bitte, den Herausgeber bei der Beschaffung des Stoffs zu unterstützen.

Hierauf begründet Dr. Sieglin, Kustos an der Bibliotheca Albertina zu Leipzig, den von ihm eingebrachten Antrag:

„Die Versammlung möge den historischen Vereinen, sowie den deutschen Historikern überhaupt die wissenschaftliche Unterstützung der Neubearbeitung des Spruner Menke'schen Atlas, vor allem der Gaukarten, besonders ans Herz legen".

Er teilt mit, daß die Verlagsbuchhandlung von Justus Perthes in Gotha den erfreulichen Entschluß gefaßt habe, den großen historischen Atlas von Spruner-Menke in neuer Bearbeitung herauszugeben. Das Werk wird aus drei Bänden bestehen, von denen der erste das Altertum, der zweite die Geschichte Europas und der an das Mittelmeer grenzenden Länder im Mittelalter und der Neuzeit, der dritte sämtliche außereuropäischen Weltteile umfassen soll. Von dem vom Berichterstatter bearbeiteten ersten Bande, der aus 8 Lieferungen und 34 über 100 Entwicklungskarten enthaltenden Tafeln bestehen wird, sind 3 Lieferungen erschienen, der Band wird 1895 zur Vollendung gelangen; ein Quellennachweis wird ihm beigegeben werden. — Die Bearbeitung des dritten Bandes, der auf 26 Tafeln und 120 Karten berechnet ist, bietet erheblich weniger Schwierigkeiten als die des ersten. Die Staatengebilde und Machtgebiete, die in den außereuropäischen Erdteilen darzustellen sind, sind, wenn wir von den Reichen der Inder, Chinesen, Mongolen u. s. w. absehen, meist neueren Datums. Die Hülfsmittel zur Herstellung solcher Karten sind mitunter mühselig zu beschaffen, aber sie sind zu beschaffen: Sieglin hofft den Band ebenso zu einem glücklichen Ziele führen zu können wie den ersten.

Anders steht die Sache beim zweiten Bande, dessen Umfang auf 100 Tafeln mit ca. 500 Karten und Nebenkarten berechnet ist. Zum Teil bereitet auch die Bearbeitung des Mittelalters geringere Schwierigkeiten, als die des Altertums. Von den 30000 Ortsnamen, die die Karten des Altertums enthalten, mußte die größere Hälfte in Bezug auf ihre Lage, oft auch auf die Namensform untersucht werden. Solche topographischen Untersuchungen fallen im Mittelalter, wenn wir die Gaukarten ausnehmen, größtenteils weg. Die Lage weitaus der Mehrzahl der Ortschaften, die geschichtlich eine Rolle spielen, ist gesichert. Um so schlimmer steht es mit der Entwicklung der Grenzen der einzelnen, besonders der kleineren Territorien. Allein das Deutsche Reich zählte über 1000 Herrschaften mit unausgesetzt wechselnden Grenzen. Es ist klar, daß ein Atlas nur dann für die historische Forschung einen Wert besitzt, wenn seine Angaben absolut zuverlässig sind, jedenfalls so zuverlässig, als mit unseren gegenwärtigen Hülfsmitteln erreicht werden kann. Eine Karte Deutschlands, die beispielsweise die Machtverhältnisse vom Jahre 1347 darzustellen die Aufgabe hat, darf, wenn sie nicht mehr Schaden als Nutzen stiften soll, das Gebiet des kleinsten reichsunmittelbaren Herren, der unbedeutendsten Reichsstadt, die nur über wenige Weiler verfügt, nur in dem Umfange darstellen, wie es thatsächlich 1347 war; sie darf nicht ein Dorf, das die Stadt Straßburg erst 1348 erwarb, oder 1346 bereits verkaufte, im Jahre 1347 dieser zuweisen.

Wohl haben wir für einzelne Landschaften ausgezeichnete Vorarbeiten; aber die Zahl der ungedruckten Urkunden ist größer als die der gedruckten, und die Entwicklungsgeschichte der größeren Territorien leichter zu überblicken, als die der kleineren. In vielen Fällen sind auch zu den Untersuchungen Lokalkenntnisse nötig, die nur der an Ort und Stelle Wohnende sich erwerben kann. Hauptsächlich für die Herstellung der Gaukarten ist specielle Ortskenntnis unbedingte Voraussetzung. Ungezählte Orte, die in die letzteren aufgenommen werden müssen, existieren lange nicht mehr. Zahlreiche Grenzsteine, obgleich sie ihre praktische Bedeutung längst verloren, stehen noch unversehrt: ihre Lage ist nur dem Lokalforscher bekannt, während der Auswärtige vergebens nach ihnen fahndet.

Sieglins Bitte geht nun dahin, daß diejenigen Herren, die solche Lokalstudien gemacht haben, so liebenswürdig und opferfreudig sein mögen, die Resultate ihrer Studien ihm mündlich oder schriftlich, jetzt oder später, zur Verfügung zu stellen. Daß dabei jeder einzelne Beitrag gewissenhaft in einem besonderen Quellenbande mit dankbarer Nennung des Autornamens aufgeführt werden wird, ist selbstverständlich. Es würde dem Unternehmen schon förderlich sein, wenn dem einen oder dem anderen Forscher ein Abdruck derjenigen Karten der alten Auflage übergeben werden könnte, in denen er glaubt, einige Fehler nachweisen zu können. Sieglin wendet sich besonders an die anwesenden Mitglieder von historischen Gesellschaften, in denen sich tüchtige Forscher befinden, die gerne ihr Teil beizutragen geneigt sind zu einem Werke, das gewissermaßen das Resumé unseres Wissens auf dem Gebiete der Territorialgeschichte darstellen soll.

Wenn die Versammlung die würdige Vollendung eines großen historischen Atlas als eine im Interesse der Geschichtswissenschaft zu erstrebende Aufgabe bezeichnet und diejenigen, die von Interesse für die historische Geographie beseelt sind, ihre thätige Teilnahme in gesicherte Aussicht stellen, so steht zu hoffen, daß unaufgefordert aus verschiedenen Gegenden Deutschlands zahlreiche freiwillige Mitarbeiter dem Atlas erstehen werden. So hat erfreulicher Weise der oberhessische Geschichtsverein bereits seine Mitarbeiterschaft in eventuelle Aussicht gestellt. Sieglin bittet herzlich um Annahme seines Antrages, mit dem er nichts für sich erstrebe, sondern nur die historische Wissenschaft, soweit in seinen Kräften stehe, fördern wolle.

In der sich anschließenden Debatte befürwortet Prof. Arndt den Antrag und bittet alle Fachgenossen dringend um weitgehende Unterstützung des hochwichtigen Unternehmens.

Archivrat Ermisch-Dresden unterstützt den Antrag. Er macht dabei auf die Thudichumschen Grundkarten aufmerksam, von denen eine Auswahl im Vorraum ausgestellt ist.

Archivar Hansen-Köln tritt ebenfalls für den Antrag ein und teilt die Erfahrungen mit, welche er bei der Zusammenstellung des historischen Atlas der Rheinlande gewonnen hat. Die Kräfte eines Mannes genügten nicht, um den ganzen Stoff zu beherrschen. Er rät Dr. Sieglin, an geeignete Personen Exemplare der Karten zur Eintragung der nötigen Verbesserungen zu senden. Dieses Verfahren ist mit großem Nutzen bei der Bearbeitung des Rheinischen Geschichtsatlas angewendet worden.

Der Antrag Sieglin wird einstimmig angenommen.

Es folgt die Beratung über die **nächste Versammlung**. Auf Vorschlag des Vorsitzenden beschließt man, zunächst über den Ort der Versammlung zu sprechen.

Prof. v. Zwiedineck-Südenhorst schlägt im Namen des Geschäftsausschusses Marburg als preußische Universitätsstadt vor.

Prof. Wenck-Marburg hegt Bedenken gegen Marburg und schlägt Bonn als geeigneteren Ort vor.

Prof. Heigel-München hatte gestern Berlin vorgeschlagen, zieht aber auf Grund der ihm vom Geschäftsausschusse zu teil gewordenen näheren Informationen seinen Vorschlag zurück.

Prof. Arndt-Leipzig schlägt als äußerst günstig gelegen Hannover vor.

Dr. Schultze-Halle bittet, doch die Reichshauptstadt zu wählen.

Archivrat Döbner-Berlin erklärt sich gleichfalls für Berlin, will jedoch aus praktischen Gründen diesmal davon absehen, wendet sich gegen Hannover und schlägt Marburg vor.

Prof. Lamprecht-Leipzig hält gleichfalls aus früherer Erfahrung Marburg für den geeignetsten Ort.

Hierauf wird dem geschäftsführenden Ausschuß als für die nächste Versammlung in Betracht zu ziehender Ort einstimmig Marburg vorgeschlagen. In Bezug auf die Zeit einigt man sich entsprechend den Vorschlägen der Proff. Lamprecht-Leipzig, Prutz-Königsberg und Moldenhauer-Köln, die Versammlung in der Osterwoche 1895 abzuhalten.

Prof. Lamprecht als Vorsitzender der Versammlung: Am Ende unserer Versammlung angelangt, gestatten Sie mir noch einen kurzen zusammenfassenden Rückblick. Gewöhnlich wird betont, daß Versammlungen wie die unserige nichts erreichten, als das gesellige Moment zu pflegen. Ich möchte aber aussprechen, daß die Ergebnisse unserer Versammlung weit über diese Seite der Dinge hinausragen. Wir haben wissenschaftlich scharf und mit Erfolg gearbeitet. Es sind über die Stellung des Unterrichts in der alten Geschichte in den höheren Schulen eine Reihe von Beschlüssen gefaßt worden, die ihre Wirkung nicht verfehlen werden. Ich glaube, daß wir für die Ergebnisse der landesgeschichtlichen Studien wertvolles erreicht haben, das auszubauen gilt und aus dem etwas Großes erwachsen kann. Wir haben eine Reihe von Fundamenten für die Herausgabe von Akten der neueren Geschichte erstehen sehen, die ebenfalls ausgebaut werden können. Wir können uns auch freuen über die praktischen Fragen, die erledigt worden sind. Hier in Leipzig ist die Zahl der Teilnehmer größer geworden als in München. Wir haben weiterhin einen Ausschuß gegründet. Wir tagen von nun ab, ohne daß eine Unterbrechung der Organe unserer Versammlung eintritt. Sehen wir aber von unseren Beschlüssen ab, so ist noch viel größer die Zahl der Anregungen. Eine Fülle von Samenkörnern ist ausgestreut und wir wollen hoffen, daß diese Samen Frucht bringen. Mir bleibt nur noch übrig, Ihnen zu danken für Ihre Herkunft nach Leipzig und Ihnen zu wünschen, daß diese Tage ernster Arbeit und froher Festesfreude Ihnen in angenehmer Erinnerung bleiben mögen.

Prof. Moldenhauer-Köln: Wir haben noch eine Pflicht der Dankbarkeit zu erfüllen gegen den hiesigen Ausschuß, der mit mühevoller Arbeit die Versammlung vorbereitet, geleitet und durchgeführt hat. Wir haben hier in ernster Arbeit getagt, etwas Ersprießliches zu Tage gefördert, das war aber nur möglich durch die Art der Vorbereitung und die Art und Weise der Leitung durch den Ausschuß. Wir sind diesem zu herzlichem Danke verpflichtet, umsomehr als für die weiteren Historikertage ein Präcedenzfall geschaffen worden ist, der segenbringend wirken kann. So bitte ich Sie, durch Erheben von den Plätzen den Herren unseren lebhaftesten Dank auszusprechen, für alles, was sie für den Historikertag und unsere schöne Wissenschaft gethan haben.

Die Versammlung erhebt sich.

Schluß der 5. Sitzung 12 Uhr 20 Min.

Nachmittags 3 Uhr fand im großen Saale des Kaufmännischen Vereinshauses ein Festessen statt, an dem außer weit über 100 Fachgenossen auch der Rektor Magnificus Geh. Rat Wislicenus, der Oberbürgermeister Dr. Georgi und der Vorstand des Kaufmännischen Vereins, Bankdirektor Lindner, teilnahmen. Den ersten Toast widmete Prof. Lamprecht Sr. Majestät dem Könige von Sachsen, den zweiten Prof. v. Zwiedineck-Südenhorst (Graz) Sr. Majestät dem Deutschen Kaiser und Sr. Majestät dem Kaiser von Österreich und Könige von Ungarn, den dritten Prof. Arndt dem Fürsten Bismarck. An die drei Majestäten und dem Fürsten Bismarck wurden Telegramme abgesandt. Sodann sprach Dr. Baldamus auf den Historikertag; im Anschluß an diesen Toast wurden Telegramme an den sächsischen Minister v. Seydewitz, den badischen Minister Nokk, den Fürsten v. Fürstenberg und den Geh. Kommerzienrat Dr. v. Mevissen als Förderer der deutschen geschichtlichen Studien geschickt. Weitere Trinksprüche brachten aus: Geh. Rat v. Weech (Karlsruhe) auf die Universität, Direktor Hannak (Wien) auf die Stadt Leipzig, worauf Oberbürgermeister Georgi und Rektor Wislicenus antworteten; dann sprachen Rektor Kämmel (Leipzig) auf die Deutschösterreicher, Prof. Egelhaaf (Stuttgart) auf den Kaufmännischen Verein, Prof. Quidde (München) auf den jetzigen und künftigen Ausschuß der Historikerversammlungen, Prof. Stieve (München) auf die Damen, Prof. Lamprecht auf die Hülfskräfte des Ausschusses vom historischen Seminar der Universität Leipzig; endlich dankten noch Direktor Lindner im Namen des Kaufmännischen Vereins, Prof. Luschin (Graz) für die Deutschösterreicher. Die vortreffliche Stimmung, die aus den geist- und humorvollen Trinksprüchen herausklang, die noch gehoben wurde durch zwei witzige Tafellieder, zeigte, daß auch in geselliger und persönlicher Beziehung die drei Tage Befriedigung gebracht hatten. Dabei mag noch allen denen gedankt sein, die den Mitgliedern Erleichterung bei dem Besuch des Leipziger Theaters, der Sammlungen, Gallerien u. s. w. gewährt hatten.

Bei herrlichem Wetter wurde Sonntag den 1. April ein Ausflug mit Damen nach einer geschichtlich besonders wichtigen Stadt Sachsens, nach Meißen, unternommen. Der dortige Ortsausschuß, bestehend aus dem Bürgermeister Schiffner, Prof. Flathe, Prof. Angermann und Realschuldirektor Loose, empfing mit andern Meißener Herren die Teilnehmer am Bahnhofe. Besucht wurden der Dom, die Albrechtsburg, die Fürstenschule, die Kreuzgänge des Franziskanerklosters. Die im Dome gebotene treffliche Musikaufführung, bei der unter Orgelbegleitung eine Dame und ein Männerchor sangen, brachte die prächtige Akustik des Domes zur Geltung und machte auf die Zuhörer den tiefsten Eindruck. Dem Rundgange durch Meißen folgte ein gemeinschaftliches Abschiedsmahl, bei dem Bürgermeister Schiffner auf die Historiker, Prof. Lamprecht auf Meißen, Prof. Flathe auf die „historischen", Dr. Balbamus auf die Meißener Damen, Prof. Rietschel auf den Fürsten Bismarck (1. April!), Prof. Quidde (München) auf die nichtdeutschen Teilnehmer, Prof. Fredericq (Gent) auf die Sängerin toasteten. Die vom Meißner Geschichtsverein gebotene Beleuchtung der sich prächtig über die Elbe erhebenden Albrechtsburg bildete einen würdigen Abschluß des Ausflugs: den Meißnern sei auch hier herzlichst gedankt.

Wenn wir mit Befriedigung auf den Leipziger Historikertag zurückblicken und frohe Hoffnung für die künftigen Versammlungen hegen, so schmerzt es uns um so mehr, diesen Bericht mit einer Trauerkunde schließen zu müssen. Am 21. April ist bald nach der Heimkehr plötzlich am Herzschlag Herr Gymnasialdirektor Dr. R. Martens in Elbing gestorben: er war der erste Berichterstatter der Münchner Versammlung; dankbar gedenken wir des Verdienstes, das er sich dadurch und durch seine Teilnahme an der Leipziger Versammlung um unsere Sache erworben hat.

Anhang I.

Thesen zur Beratung
über die
Stellung der alten Geschichte im gelehrten Unterricht.

Anhang I.

Thesen zur
über die Stellung der alten Ges

Jäger.

1. Für das Gymnasium als eine die Altersstufen von 9—18 Jahren umfassende Anstalt ist eine zweimalige Durchwanderung des Geschichtsgebietes, mithin auch ein zweimaliger Kursus in alter Geschichte geboten.

2. Eigentlicher Geschichtsunterricht soll erst beginnen, wenn die Stufe erreicht ist, wo die zusammenhängende lateinische Lektüre möglich wird.

3. Der ganze lateinische und griechische Unterricht ist seinem Wesen nach historischer Art, die lateinische und griechische Lektüre jeder Art ist (elementare) Quellenlektüre. Zwischen dieser Lektüre und dem Unterricht in alter Geschichte besteht ein natürliches Verhältnis wechselseitiger Ergänzung, und folglich bildet die Kenntnis der alten Geschichte die Grundlage aller ferneren Geschichtserkenntnis und historischen Bildung.

4. Die Schmälerung des lateinischen und griechischen Unterrichts über eine gewisse Grenze hinaus schwächt den historischen Sinn und schädigt also mittelbar auch den Unterricht in vaterländischer und „neuerer" Geschichte. In dem preußischen Gymnasiallehrplan von 1892 erscheint diese Grenze überschritten.

Hanno

1. Für das Gymnasium als eine umfassende Anstalt ist eine zweimschichtsgebietes, mithin auch ein zuschichte geboten.

1ᵇ. Außerdem erscheint es n der Gymnasialstudien (im le wenigstens 1 Stunde wöchent wichtigsten Partien der griec schichte zu verwenden, um da Klassikerlektüre für eine tief Welt und namentlich ihrer die Schüler die Summe ihre Wissens ziehen zu lassen. (

3. Der ganze lateinische und grie nach historischer Art, die lateinische u tare) Quellenlektüre. Zwischen diese alter Geschichte besteht ein natürlich gänzung; weil überdies die p Altertume wegen ihrer Einf die Geschichte der Griechen und Perioden in der Entwicklung und ihre Kultur von maßg Folgezeit und speciell auf die bildet die Kenntnis der alten Geschi Geschichtserkenntnis und historischen

5. Ein Kursus der altori dem die Kultur dieser Völke wird, ist auf beiden Stufen der Geschichte der klassische

6. Die ästhetische Erziehu Leistungen der Griechen auf Künste an der Hand geeignet wichtiger Bestandteil der Ku vorgeführt und der hierin v beiden Stufen des Gymnasi

zur Beratung
en Geschichte im gelehrten Unterricht.

Hannak.

als eine die Altersstufen von 9—18 Jahren
ne zweimalige Durchwanderung des Ge-
ch ein zweimaliger Kursus in alter Ge-

eintes wünschenswert, am Schlusse
 (im letzten Semester der Prima)
wöchentlich zur Wiederholung der
er griechischen und römischen Ge-
, um das Ergebnis der gesamten
ine tiefere Auffassung der antiken
ihrer Kultur zu verwerten und
me ihres historisch-philologischen
ssen. (Vgl. 7.)

e und griechische Unterricht ist seinem Wesen
teinische und griechische Lektüre ist (elemen-
chen dieser Lektüre und dem Unterricht in
 natürliches Verhältnis wechselseitiger Er-
s die politischen Verhältnisse im
er Einfachheit leicht faßlich sind,
chen und Römer eine der wichtigsten
wicklung der Menschheit darstellt
n maßgebendem Einfluß auf die
l auf die Gegenwart gewesen ist, so
ten Geschichte die Grundlage aller ferneren
istorischen Bildung.

r altorientalischen Geschichte, bei
r Völker besonders hervorgehoben
Stufen des Gymnasialunterrichts
assischen Völker vorauszuschicken.
Erziehung fordert, daß auch die
en auf dem Gebiete der bildenden
geeigneter Anschauungsmittel als
der Kulturgeschichte der Jugend
ierin vorwaltende Sagenstoff auf
ymnasiums berücksichtigt werde.

Kämmel.

1. Für das Gymnasium als eine die Altersstufen von 9—18 Jahren umfassende Anstalt ist eine zweimalige Durchwanderung des Geschichtsgebietes, mithin auch ein zweimaliger Kursus in alter Geschichte geboten.

3. Da eine wirkliche Quellenlektüre im Gymnasium in einiger Ausdehnung nur auf dem Gebiete des Altertums möglich ist, wo alle Lektüre im weiteren Sinne diesen Charakter trägt, und da ferner die Geschichte der Griechen und Römer nicht nur an sich eine der wichtigsten Partien der allgemeinen Geschichte und die Voraussetzung für das Verständnis unsrer eignen bildet, sondern auch ein in sich völlig abgeschlossenes und verhältnismäßig leicht übersichtliches Ganze darstellt, so muß der Unterricht in der alten Geschichte die Grundlage aller weiteren historischen Kenntnis und Bildung bleiben.

5. Die Geschichte der altorientalischen Völker ist nur insoweit und zwar in enger Verbindung mit der griechischen Geschichte zu behandeln, als sie die Gestaltung des persischen Reiches vorbereitet hat.

7. Auf der obersten Stufe des Gymnasialunterrichts muß im systematischen Betriebe die alte Geschichte hinter der neueren, insbesondere der deutschen, zurücktreten, der hier (wo möglich drei Jahre einzuräumen und) die planmäßigen Stunden voll zu widmen sind; die vertiefende Betrachtung der alten Geschichte ist im wesentlichen der Klassikerlektüre zuzuweisen. (Vgl. 1ᵇ.)

Anhang II.

Übersicht der angenommenen Thesen und Anträge.

I.

1. Da eine wirkliche Quellenlektüre im Gymnasium in einiger Ausdehnung nur auf dem Gebiete des Altertums möglich ist, wo alle Lektüre im weiteren Sinne diesen Charakter trägt, und da ferner die Geschichte der Griechen und Römer nicht nur an sich eine der wichtigsten Partien der allgemeinen Geschichte und die Voraussetzung für das Verständnis unserer eignen bildet, sondern auch ein in sich völlig abgeschlossenes und verhältnismäßig leicht übersichtliches Ganze darstellt, so muß der Unterricht in der alten Geschichte die Grundlage aller weiteren historischen Kenntnis und Bildung bleiben.

2. Die Geschichte der altorientalischen Völker ist nur insoweit, und zwar in enger Verbindung mit der griechischen Geschichte zu behandeln, als sie die Gestaltung des persischen Reichs vorbereitet hat.

3. Auf der obersten Stufe des Gymnasialunterrichts muß im systematischen Betriebe die alte Geschichte hinter der neueren, insbesondere der deutschen, zurücktreten, der hier die planmäßigen Stunden der Hauptsache nach zu widmen sind; die vertiefende Betrachtung der alten Geschichte ist im wesentlichen der Klassikerlektüre zuzuweisen.

4. Die Leistungen der Griechen auf dem Gebiete der bildenden Künste sollen an der Hand geeigneter Anschauungsmittel als wichtiger Bestandteil der Kulturgeschichte der Jugend vorgeführt werden.

5. Die Schmälerung des lateinischen und griechischen Unterrichts über eine gewisse Grenze hinaus erschwert den Unterricht in der alten Geschichte und schädigt also mittelbar auch den Unterricht in vaterländischer und neuerer Geschichte. In dem preußischen Gymnasiallehrplan von 1892 erscheint diese Grenze überschritten.

I B.

Unter Anerkennung der Wichtigkeit der Quiddeschen Anregung (s. S. 36) geht die Versammlung über dieselbe zur Tagesordnung über, da es sich dabei auch noch um andere Fragen, als die des historischen Unterrichts handelt".

II.

Die Versammlung erklärt es als dringend erwünscht, daß im Zusammenhang mit den künftigen Historikertagen Konferenzen von Vertretern der landesgeschichtlichen Publikationsinstitute zur Beratung gemeinsamer Angelegenheiten stattfinden.

III.

I. Die zweite Versammlung deutscher Historiker (in Leipzig 1894) bestellt durch Wahl einen geschäftsführenden Ausschuß von zehn Mitgliedern mit dem Recht der Ergänzung durch Selbstwahl auf zwölf, der die Aufgabe erhält:
1. Die Beschlüsse der Versammlung mit einer Darstellung des Verlaufes der Debatten in geeigneter Weise zu veröffentlichen;
2. Ort und Zeit der nächsten Versammlung, jedoch mit Berücksichtigung der in der Versammlung selbst gegebenen Anregungen, zu bestimmen und die Bildung eines Lokalkomitees am gewählten Versammlungsorte zu veranlassen;
3. das Programm des demnächstigen Historkertages im Einvernehmen mit dem Lokalkomitee zu beraten und festzusetzen;
4. einen Fonds aus Beiträgen der Fachgenossen und Teilnehmer zu schaffen, aus welchem die Kosten künftiger Versammlungen oder andere Ausgaben, die der Historikertag veranlaßt, gedeckt werden können.

II. Der Sitz und die Leitung des geschäftsführenden Ausschusses, von dessen Mitgliedern die Hälfte für diesmal in Leipzig wohnhaft sein muß, befindet sich bis zur Eröffnung der nächsten Versammlung in Leipzig. Seine Konstituierung findet sofort nach der Wahl statt. Der Verkehr zwischen der Leitung und den auswärtigen Mitgliedern des Ausschusses wird in der Regel schriftlich geführt; doch wird von den letzteren erwartet, daß sie in dringenden Fällen, jedenfalls aber einmal im Jahre, einer allgemeinen Versammlung des Ausschusses anwohnen. Das Mandat des Ausschusses erlischt mit der Eröffnung der nächsten Versammlung, die — sofern kein Gegenantrag beschlossen wird — einen neuen geschäftsführenden Ausschuß einzusetzen hat.

IV.

Die Versammlung möge den historischen Vereinen, sowie den deutschen Historikern überhaupt die wissenschaftliche Unterstützung der Neubearbeitung des Spruner-Menkeschen Atlas, vor allem der Gaukarten, besonders ans Herz legen.

Anhang III.
Liste der Teilnehmer.

No.	Name	Titel und Stellung	Wohnort
1	Ackermann	Verlagsbuchh. (B. G. Teubner)	Leipzig.
2	Anthes	Gymnasiallehrer Dr.	Darmstadt.
3	Arndt	Universitätsprofessor Dr.	Leipzig.
4	Arnheim	Dr.	Berlin.
5	Arras	Oberlehrer Dr.	Bautzen.
6	Babajanz	cand. hist.	Leipzig.
7	Bachmann	Universitätsprofessor Dr.	Prag.
8	Baldamus	Oberlehrer Dr.	Leipzig.
9	Barchewitz	Hauptmann Dr.	Berlin.
10	Barge	Dr.	Leipzig.
11	Bassenge	Dr.	Dresden.
12	Berlit	Oberlehrer	Leipzig.
13	Bernays	Mitarb. a. d. Reichstagsakt. Dr.	Göttingen.
14	Bernheim	Universitätsprofessor Dr.	Greifswald.
15	Besser	Oberlehrer Dr.	Altenburg (S.).
16	Bettgenhäuser	cand. hist.	Leipzig.
17	Biedermann	Universitätsprofessor Dr.	Leipzig.
18	Bieler	Gymnasiallehrer	Wilhelmshaven.
19	Blume	Gymnasialprofessor Dr.	Koethen.
20	Boas	Dr. (Leipziger Tageblatt)	Leipzig.
21	Bocksch	cand. phil.	Leipzig.
22	Boehme	Professor a. d. Landesschule	Pforta.
23	Böhmer	cand. hist.	Leipzig.
24	Böhtlingk	Professor Dr.	Karlsruhe.
25	Böttcher	Realgymnasialrektor Prof. Dr.	Leipzig.
26	Bräutigam	Schulrat Dr.	Borna.
27	Brandstetter	cand. hist.	Leipzig.
28	Breysig	Privatdozent Dr.	Berlin.
29	Brieger	Universitätsprofessor Dr.	Leipzig.
30	Brockhaus	Universitätsprofessor Dr.	Leipzig.
31	Brückner	Universitätsprofessor a. D. Dr.	Jena.
32	Brugmann	Universitätsprofessor Dr.	Leipzig.
33	Buchholz	cand. phil.	Leipzig.
34	Bücher	Universitätsprofessor Dr.	Leipzig.
35	Bühring	Oberlehrer Dr.	Arnstadt.
36	Büttner	Oberlehrer	Wernigerode.
37	Büttner	Oberlehrer Dr.	Gera.

No.	Name	Titel und Stellung	Wohnort
38	Büttner-Wobst	Oberlehrer Dr.	Dresden.
39	Burkhardt	Archivdirektor Dr.	Weimar.
40	Busch	Universitätsprofessor Dr.	Freiburg i. B.
41	Buschkiel	Gymnasialprofessor Dr.	Chemnitz.
42	Cartellieri	Dr.	Karlsruhe.
43	Cichorius	Privatdozent Dr.	Leipzig.
44	Conrady	Privatdozent Dr.	Leipzig.
45	Daehnhardt	Dr.	Leipzig.
46	Daenell	Dr.	Stettin.
47	Degen	cand. phil.	Leipzig.
48	v. Degenkolb	Universitätsprofessor Dr.	Leipzig.
49	Denike	Oberlehrer Dr.	Braunschweig.
50	Detleffen	Gymnasialdirektor Dr.	Glückstadt.
51	Dietrich	cand. hist.	Leipzig.
52	Dittrich	Kand. des höh. Schulamts	Leipzig.
53	Dobenecker	Oberlehrer Dr.	Jena.
54	Doebner	Archivrat Dr.	Berlin.
55	Doering	Gymnasialprofessor Dr.	Leipzig.
56	Dorstewitz	Gymnasialdirektor Prof. Dr.	Eisenberg(S.-A.).
57	Düning	Gymnasialprofessor	Quedlinburg.
58	Egelhaaf	Gymnasialprofessor Dr.	Stuttgart.
59	Egloffstein, Frh. v.	Großh. S. Cabinetssekretär. Dr.	Weimar.
60	Elster	Universitätsprofessor Dr.	Leipzig.
61	Erler	Universitätsprofessor Dr.	Königsberg.
62	Ermisch	Archivrat Dr.	Dresden.
63	Fabian	Oberlehrer Dr.	Zwickau.
64	Feddersen	Dr.	Leipzig.
65	Felber, E.	Verlagsbuchhändler	Berlin.
66	Fiebiger	Dr.	Leipzig.
67	Fischer, C.	Dr.	Leipzig.
68	Fischer	Oberlehrer Dr.	Eisenberg(S.-A.).
69	Fischer, H.	Oberlehrer	Wernigerode.
70	Fischer	Gymnasialprofessor Dr.	Plauen.
71	Fischer	Oberlehrer Dr.	Breslau.
72	Flathe	Gymnasialprofessor Dr.	Meißen.
73	Francke	Dr.	Leipzig.
74	Fredericq	Universitätsprofessor Dr.	Gent.
75	Friedel	Gymnasialdirektor Dr.	Wernigerode.
76	Friedersdorff	Gymnasialdirektor Dr.	Halle a. S.
77	Friedberg	Geh. Hofrat Professor Dr.	Leipzig.
78	Fries	Dir. d. Francke'schen Stift. Dr.	Halle a. S.
79	Gebhardt	Gymnasialprofessor Dr.	Berlin.
80	Gebhardt, von	Oberbibliothekar Professor Dr.	Leipzig.
81	Geerds	Redakt. d. Firma Brockhaus Dr.	Leipzig.
82	Geffcken	Dr.	Leipzig.

No.	Name	Titel und Stellung	Wohnort
83	Gehlert	Rektor d. Fürstenschule Prof. Dr.	Grimma.
84	Geibel	Verlagsbuchhändler	Leipzig.
85	Gelzer	Universitätsprofessor Dr.	Jena.
86	Geß	Hochschulprofessor	Dresden.
87	Georgi	Oberbürgermeister Dr.	Leipzig.
88	Gerdes	Oberlehrer Dr.	Bremen.
89	Geyer	Oberlehrer	Leipzig.
90	Glafey	Oberlehrer Dr.	Leipzig.
91	Goetz	Dr.	München.
92	Goldschmidt	Gymnasialprofessor Dr.	Berlin.
93	Gottschald	Privatmann	Leipzig.
94	Granier	Dr.	Berlin.
95	Gröpler	Staatsbibliothekar Dr.	Dessau.
96	Großmann	Archivar Dr.	Charlottenburg.
97	Groth	Oberlehrer Dr.	Leipzig.
98	Grünhagen	Geh. Archivrat Prof. Dr.	Breslau.
99	Günther	cand. hist.	Leipzig.
100	Guglia	Prof. a. d. Theresien-Akad. Dr.	Wien.
101	Gummerus	cand. hist.	Leipzig.
102	Guthe	Universitätsprofessor Dr.	Leipzig.
103	Habel	Oberlehrer Dr.	Breslau.
104	Hahn	Lehrer a. d. Handelsschule Dr.	Leipzig.
105	Hannak	Direktor des Lehrerpäda-gogiums, Professor Dr.	Wien.
106	Hansen	Stadtarchivar Dr.	Köln.
107	Hantzsch	Lehrer	Leipzig.
108	Hauck	Universitätsprofessor Dr.	Leipzig.
109	Haupt	Gymnasialprofessor Dr.	Wittenberg.
110	Herbst	Oberlehrer Dr.	Altenburg (S.).
111	Herzberg-Fränkel	Universitätsprofessor Dr.	Cernowitz.
112	Heigel	Universitätsprofessor Dr.	München.
113	Heinemann, von	Privatdozent Dr.	Halle a. S.
114	Heinrici	Professor Dr.	Leipzig.
115	Heintze	Geh. Hofrat Professor Dr.	Leipzig.
116	Heinzelmann	Professor Dr.	Erfurt.
117	Helmolt	Dr.	Dresden.
118	Hering	cand. hist.	Leipzig.
119	Herrlich	Gymnasialprofessor Dr.	Berlin.
120	Hilliger	Dr.	Leipzig.
121	Hirsch-	Dr.	Leipzig.
122	His	Dr. jur.	Leipzig.
123	Hölber	Universitätsprofessor Dr.	Leipzig.
124	Hölber	Universitätsprofessor Dr.	Tübingen.
125	Hoeniger	Privatdozent Dr.	Berlin.
126	Holz	Privatdozent Dr.	Leipzig.

No.	Name	Titel und Stellung	Wohnort
127	Hopfen	cand. hist.	Berlin.
128	Hubert	Oberlehrer Dr.	Leipzig.
129	Hüffer	Geh. Justizrat, Universitäts= professor Dr.	Bonn.
130	Hynitzsch	Gymnasialprofessor Dr.	Quedlinburg.
131	Jacobs	Archivrat Dr.	Wernigerode.
132	Jäger	Gymnasialdirektor Prof. Dr.	Köln.
133	Jähns	Oberstlieutenant a. D. Dr.	Berlin.
134	Jaesche, von	cand. hist.	Leipzig.
135	Jeremias	Diakonus Dr.	Leipzig.
136	Ilberg	Oberlehrer Dr.	Leipzig.
137	Imelmann	Gymnasialprofessor Dr.	Berlin.
138	Joel	Dr.	Halle a. S.
139	Jünemann	Dr.	Leipzig.
140	Junge	Realgymnasialdirekt. Prof. Dr.	Magdeburg.
141	Jungmann	Gymnasialrektor Professor Dr.	Leipzig.
142	Kämmel	Gymnasialrektor Professor Dr.	Leipzig.
143	Kaerst	Oberlehrer Dr.	Gotha.
144	Kanngießer	Gymnasialprofessor Dr.	Magdeburg.
145	Karbaum	Oberlehrer Dr.	Wernigerode.
146	Kawerau	Universitätsprofessor Dr.	Kiel.
147	Kind	Lehrer	Leipzig.
148	Kirchhöfer	Dr.	Wernigerode.
149	Klatt	Oberlehrer Dr.	Berlin.
150	Klotz	cand. phil.	Leipzig.
151	Koehne	Realgymnasialprofessor Dr.	Berlin.
152	König	Lehrer, cand. hist.	Leipzig.
153	Köstlin	Oberkonsistorialrat Dr.	Halle a. S.
154	Kötzschke, Richard	Dr.	Dresden.
155	Kötzschke, Rudolf	Dr.	Dresden.
156	Koken	Dr.	Braunschweig.
157	Kohl	Oberlehrer Dr.	Chemnitz.
158	Kolbe	Universitätsprofessor Dr.	Erlangen.
159	Koser	Universitätsprofessor Dr.	Bonn.
160	Kraft	Oberlehrer	Altenburg (S.).
161	Kramer	Provinzialschulrat Dr.	Magdeburg.
162	Kropatscheck	Mitgl. des Reichst. u. d. Preuß. Abgeordnetenhauses Dr.	Berlin.
163	Krüger	Direktor	Braunschweig.
164	Kruse	Privatdozent Dr.	Köln a. Rhein.
165	Kückelhaus	Dr.	Berlin.
166	Küntzel	cand. hist.	Leipzig=Plagwitz.
167	Kummer	Dr.	Leipzig.
168	Kupfermann	Lehrer	Berlin.
169	Kurzwelly	cand. hist.	Leipzig.

No.	Name	Titel und Stellung	Wohnort
170	Lamprecht	Universitätsprofessor Dr.	Leipzig.
171	Lehmann, C. F.	Privatdozent Dr.	Berlin.
172	Lehmann	Dr.	Chemnitz.
173	Lenz	Universitätsprofessor Dr.	Berlin.
174	Levy	Dr.	Berlin.
175	Liebe	Dr.	Magdeburg.
176	Liebenam	Universitätsprofessor Dr.	Jena.
177	Liebermann	Dr.	Berlin.
178	Liesegang	Privatdozent Dr.	Berlin.
179	Lindt	Oberlehrer Dr.	Darmstadt.
180	Lobeck	Oberlehrer Dr.	Dresden.
181	Loofs	Universitätsprofessor D.	Halle a. S.
182	Lübbert	Oberlehrer Dr.	Halle a. S.
183	Luschin von Ebengreuth	Universitätsprofessor Dr.	Graz.
184	Luthardt	Domherr Geh. Kirchenrat Universitätsprofessor Dr.	Leipzig.
185	Luther	cand. hist.	Leipzig.
186	Mackrodt	Gymnasialprofessor Dr.	Eisenberg(S.=A.).
187	Manitius	Oberlehrer Dr.	Dresden.
188	Marcks	Universitätsprofessor Dr.	Leipzig.
189	Markgraf	Stadtarchivar Prof. Dr.	Breslau.
190	Martens	Gymnasialdirektor Dr.	Elbing.
191	Martens	Gymnasialprofessor Dr.	Elberfeld.
192	Marx	Dr.	Mannheim.
193	Masius	Oberlehrer Dr.	Döbeln.
194	Masius	Dr.	Leipzig.
195	Matthes	Realgymnasialoberlehrer	Altenburg (S.).
196	Meier, John	Privatdozent Dr.	Halle a. S.
197	Meinecke	Geh. Staatsarchivar Dr.	Berlin.
198	Meiner	Verlagsbuchhändler	Leipzig.
199	Meißner	Dr.	Leipzig.
200	Mendheim	Dr.	Leipzig.
201	Meyer	Realschuldirektor Professor Dr.	Berlin.
202	Meyer, E.	Universitätsprofessor Dr.	Halle a. S.
203	Meyer, L.	cand. hist.	Leipzig.
204	Miaskowski, v.	Geh. Hofrat Universitätsprofessor Dr.	Leipzig.
205	Mogk	Universitätsprofessor Dr.	Leipzig.
206	Moldenhauer	Gymnasialprofessor Dr.	Köln a. Rh.
207	Müller, Theodor	Dr.	Leipzig.
208	Müller, V.	Vertreter der Presse	Leipzig.
209	Naudé	Universitätsprofessor Dr.	Marburg.
210	Neubauer	Oberlehrer Dr.	Halle a. S.
211	Opel	Professor Dr.	Halle a. S.

No.	Name	Titel und Stellung	Wohnort
212	Otto	Gymnasiallehrer Dr.	Zittau.
213	Overmann	Dr.	Berlin.
214	Papst	Oberlehrer Dr.	Halle a. S.
215	Pazzwitz	Dr.	Berlin.
216	Perlbach	Oberbibliothekar Dr.	Halle a. S.
217	Peter	Professor	Berlin.
218	Pfeifer	Oberlehrer	Altenburg (S.).
219	Philippson	Professor Dr.	Berlin.
220	Pirenne	Universitätsprofessor Dr.	Gent.
221	Plew	Oberlehrer	Bartenstein.
222	Prawitz	Gymnasialprofessor	Friedeberg.
223	Prockſch	Gymnasialdirektor Dr.	Altenburg (S.).
224	Prutz	Universitätsprofessor Dr.	Königsberg.
225	Pückert	Universitätsprofessor Dr.	Leipzig.
226	Purgold	Dr.	Tübingen.
227	Quidde	Professor Dr.	München.
228	Rassow	Oberlehrer Dr.	Elberfeld.
229	Reblich	cand. hist.	Leipzig.
230	Reinicke	Verlagsbuchh.(W.Engelmann).	Leipzig.
231	Reuter	Gymnasialprofessor	Leipzig.
232	Ribbeck	Oberlehrer Dr.	Essen.
233	Ribbeck	Geh.HofratUniversitätsprof.Dr.	Leipzig.
234	Richter	Gymnasialdirektor Dr.	Jena.
235	Richter	Gymnasialrektor Universitäts= professor Dr.	Leipzig.
236	Richter, Fr.	Dr.	Dresden.
237	Richter	Ratsarchivar Dr.	Dresden.
238	Rieker	Universitätsprofessor Dr.	Leipzig.
239	Rietschel	Universitätsprofessor D.	Leipzig.
240	Rockrohr	Oberlehrer Dr.	Mülheim a. Ruhr.
241	Rosenhagen	Oberlehrer Dr.	Dresden.
242	Roſt	Verlagsbuchhändl. (C. Hinrich)	Leipzig.
243	Sauerhering	Dr.	Leipzig.
244	Saupe	Dr.	Leipzig.
245	Schäfer	Dr.	Heidelberg.
246	Schaffner	Schuldirektor Dr.	Gumperda (Th.)
247	Scheffer	Lieutenant	Leipzig.
248	Schill	Geh. Justizrat Dr.	Leipzig.
249	Schilling	cand. hist.	Leipzig.
250	Schilling	Oberlehrer Dr.	Zwickau.
251	Schirmer	Gymnasialprofessor Dr.	Eisenberg(S.=A.).
252	Schleicher	Oberlehrer Dr.	Wurzen.
253	Schlegel	Dresdner Journal	Leipzig.
254	Schlurick	Oberlehrer	Leipzig.
255	Schmidt, O. E.	Gymnasialprofessor Dr.	Meißen.
256	Schmidt	Dr.	Dresden.

No.	Name	Titel und Stellung	Wohnort
257	Schmidt, Jg.	Oberlehrer Dr.	Grimma.
258	Schmidt, Ludw.	Bibliothekskustos Dr.	Dresden.
259	Schmidt, B.	Fürstl. Reuß. j. L. Archivar und Bibliothekar	Schleiz.
260	Schmoller	Universitätsprofessor Dr., M. d. K. Preuß. Staatsrates	Berlin.
261	Scholz	cand. hist.	Leipzig.
262	Schott	Professor Dr.	Stuttgart.
263	Schreiber	Universitätsprofessor Dr.	Leipzig.
264	Schröder	Professor Dr.	Minden
265	Schulte	Universitätsprofessor Dr.	Freiburg i. B.
266	Schultze	Bibliothekskustos Dr.	Halle a. S.
267	Schulz	cand. hist.	Leipzig.
268	Schuster	Konrektor Gymnasialprof. Dr.	Leipzig.
269	Schwabe	Oberlehrer Dr.	Leipzig.
270	Schwarz	Gymnasialprofessor Dr.	Quedlinburg.
271	Seeliger	Privatdozent Dr.	München.
272	Seidlitz, von	Ober-Regierungsrat Dr.	Dresden.
273	Seipt	Oberlehrer Dr.	Leipz.-Reudnitz.
274	Siegen	Dr. (Kölnische Zeitung)	Leipzig.
275	Sieglin	Bibliothekskustos Dr.	Leipzig.
276	Sievers	Universitätsprofessor Dr.	Leipzig.
277	Soerensen	Lehrer an den Technischen Staatslehranstalten Dr.	Altendorf b. Ch.
278	Solmsen	Privatdozent Dr.	Bonn.
279	Spannagel	Privatdozent Dr.	Berlin.
280	Sperling	Oberlehrer Dr.	Leipzig.
281	Spieß	Oberlehrer Dr.	Dresden.
282	Sohm	Geh. Hofrat Professor Dr.	Leipzig.
283	Steffen	Oberlehrer Dr.	Leipzig.
284	Steindorff	Universitätsprofessor Dr.	Leipzig.
285	Steinhausen	Bibliothekar Dr.	Jena.
286	Steinmeyer	Gymnasialdirektor Dr.	Aschersleben.
287	Stieda	Universitätsprofessor Dr.	Rostock.
288	Stieve	Hochschulprofessor Dr.	München.
289	Stoy	Universitätsprofessor Dr.	Jena.
290	Stoy	Privatdozent Dr.	Jena.
291	Straßburger	Oberlehrer Dr.	Aschersleben.
292	Sturmhoefel	Oberlehrer Dr.	Leipzig.
293	Thiel	cand. hist.	Leipzig.
294	Thieme	Geh. Kommerzienrat	Leipzig.
295	Thoma	Dr.	Breslau.
296	Thomaschky	Oberlehrer Dr.	Berlin.
297	Tille	Dr.	Leipzig.
298	Traumüller	Oberlehrer Dr.	Leipzig.
299	Trefftz	Bibliotheksassistent Dr.	Leipzig.

No.	Name	Titel und Stellung	Wohnort
300	Tröndlin	Bürgermeister Dr.	Leipzig.
301	Tschirch	Oberlehrer Dr.	Brandenburg a.H.
302	Ulmann	Universitätsprofessor Dr.	Greifswald.
303	Urbach	Oberlehrer Dr.	Dresden.
304	Valentin	Dr.	Frankfurt a. M.
305	Verlohren	cand. hist.	Leipzig.
306	Birck	Gymnasiallehrer Dr.	Weimar.
307	Vogel	Geh. Schulrat Dr.	Dresden.
308	Vogel	Oberlehrer Dr.	Döbeln.
309	Vogel	Dr.	Leipzig.
310	Vogt	Gymnasialprofessor Dr.	Augsburg.
311	Voigt	cand. hist.	Leipzig.
312	Voigtländer	Verlagsbuchhändler	Leipzig.
313	Voretzsch	Oberlehrer Dr.	Altenburg (S.).
314	Wach	Universitätsprofessor Dr.	Leipzig.
315	Wachsmuth	Geh.HofratUniversitätsprof.Dr.	Leipzig.
316	Wäschke	Oberlehrer Dr.	Dessau.
317	Wagner	Oberlehrer Dr.	Altenburg (S.).
318	Wagner	Oberlehrer Dr.	Döbeln.
319	Weber	Universitätsprofessor Dr.	Prag.
320	Weech, von	Direktor des Generallandesarchivs Dr.	Karlsruhe.
321	Weise	Gymnasialprofessor Dr.	Eisenberg(S.-A.).
322	Wenck	Universitätsprofessor Dr.	Leipzig.
323	Wenck	Universitätsprofessor Dr.	Marburg.
324	Wendt	cand. jur.	Leipzig.
325	Werunsky	Universitätsprofessor Dr.	Prag.
326	Wiegand	Privatdozent Dr.	Erlangen.
327	Windisch	Universitätsprofessor Dr.	Leipzig.
328	Winter	Archivar Dr.	Magdeburg.
329	Wislicenus	Geh. Hofrat Universitätsprof. Dr. Rektor Magnif.	Leipzig.
330	Witkowsky	Privatdozent Dr.	Leipzig.
331	Wohlwill	Professor Dr.	Hamburg.
332	Wofer	Universitätsprofessor Dr.	Bern.
333	Wolfram	Gymnasiallehrer Dr.	Nürnberg.
334	Wörner	Konrektor Gymnasialprof. Dr.	Leipzig.
335	Wustmann	Oberbiblioth. u. Archivdir. Dr.	Leipzig.
336	Wustmann	cand. phil.	Leipzig.
337	Wuttke	Dr.	Dresden.
338	Wychgram	Direktor Dr.	Leipzig.
339	Zander	Dr.	Berlin.
340	Zwiedineck-Südenhorst, von	Universitätsprofessor Dr.	Graz.

Printed by Libri Plureos GmbH
in Hamburg, Germany